Spannender Mehrwert:
der Mengenrechner für unsere Kochbücher

+ Mengenangaben an Personenzahl anpassen
+ Einkaufszettel fürs Smartphone erstellen
+ Rezeptsuche nach Zutaten
+ Nährwertangaben zu allen Rezepten
+ präziser Kalorienverbrauchsrechner und persönlicher Diätplaner mit Tagesplänen
+ Favoritenliste und weitere Rezeptfilter

SU VÖSSING

FOOD-FOTOGRAFIE: BUI VÖSSING

Frische Bratwurst
mit Röstkartoffeln und Gurkensalat

Masala-Ofenhuhn mit
Paprika-Zwiebel-Gemüse

Pasta rustica mit Spinat und Sala

Spareribs
mit Béchamelkartoffeln

Gefüllte Brottasche
mit Avocado-Gurken-Topping

Tortilla-Wraps
mit Roastbeef und Coleslaw

Minestrone

Kräuterspätzle mit Zwiebeln,
Käse und Spiegelei

Gefüllte Galette
mit marinierten Erdbeeren

INHALT

Mit weniger Geld zu mehr Genuss

Günstig genießen fängt im Kopf an – mit guter **Planung** und einem **Einkaufszettel.** Wer Zeit und Muße hat, schaut die Werbung der Supermärkte und Discounter nach Produkten durch, die in den Speiseplan der Woche passen. Mit der Zeit bekommt man so auch ein gutes Gefühl für die aktuellen Preise. Dabei sollte man am besten den Kilopreis vergleichen, denn keineswegs sind die größten Packungen auch die günstigsten. Bei Stückpreisen immer zum Beispiel die schönsten oder größten Exemplare von Brokkoli oder Gurke heraussuchen. Auch Bequemlichkeit kostet Geld: Die teuersten Lebensmittel befinden sich auf Augenhöhe, deswegen lohnen sich das Bücken und Strecken und sogar der Einkauf an zwei oder drei Orten.

Wer sich angewöhnt, diszipliniert nach Einkaufszettel einzukaufen, wird viel Geld sparen. Besonders nützlich sind dabei Einkaufszettel, die der typischen **Warensortierung** im Laden folgen: Obst und Gemüse, Molkereiprodukte, Käse, Fleisch, Fisch, Konserven, Non-Food-Produkte und Tiefkühlwaren. Backwaren sind meist vor- oder nachgelagert.

Bei den Vollsortimentern gibt es viele Produkte als günstige Eigenmarken, die preislich denen beim Discounter sehr nahekommen. Andererseits gibt es bei den Discountern inzwischen oft sehr gutes Gemüse und Obst, was dank schnellerem Durchsatz manchmal sogar frischer wirkt. Dafür gibt es weniger Auswahl an exotisch anmutenden Produkten. Bei den Discountern lohnt der Einkauf am Morgen, wenn noch alles da ist.

Wer gern **regional** einkauft, was ich aus meiner Sicht empfehlen kann, ist auf Wochenmärkten richtig. Die Produkte sind oft frischer – günstiger sind sie deswegen nicht unbedingt. Auch der Besuch im Hofladen direkt beim Bauern kann eine gute Alternative sein, da der Bauer hier keine Transporte leisten muss und auch keine Standgebühren zu entrichten hat. Das schlägt sich oft in günstigeren Preisen nieder.

Das größte Einsparpotenzial bietet der **saisonale** Einkauf – besonders bei Obst und Gemüse. Deshalb ist es sinnvoll, ab und zu mal zu schauen, was in unseren Breiten gerade im Freiland gedeiht. Während der Saison kosten frisch geerntete Produkte oft nur einen Bruchteil im Vergleich zu den Zeiträumen, in denen sie Tausende Kilometer transportiert werden müssen.

Für Gemüse und Fleisch finden sich in **kleinen Lebensmittelmärkten,** die von Familien türkischer oder italienischer Herkunft betrieben werden, sehr häufig besonders günstige Angebote. Hier gibt es in der Regel zwar wenig Bioprodukte und kein Vollsortiment, aber die Preise sind oft unschlagbar niedrig.

Bei Produkten wie Fleisch, Wurst und Fisch rate ich zu **kleineren Mengen,** was sehr effizient spart (siehe auch Seite 6 unter „Fleischmengen reduzieren“). Hier ist ein Blick auf die Herkunft und die Haltungsform sinnvoll. Die Kennzeichnung „bio“ ist bei diesen Produktgruppen sinnvoll, genau wie bei allen Molkereiprodukten und Eiern. Bioprodukte kosten etwas mehr, was sich jedoch über die reduzierten Mengen wieder ausgleicht.

Günstiges Kochen findet aber auch in der Küche statt. Dazu gehört bereits das richtige **Verräumen** und **Aufbewahren** der Lebensmittel. Ein Blick ins Internet kann helfen, Sachen fachgerecht zu lagern. So wird weniger schlecht und das wiederum schont den Geldbeutel.

Linsen, Bohnen, Kartoffeln, Haferflocken, Vollkornnudeln, Vollkornreis und Dosentomaten, aber auch Joghurt und Quark können ganzjährig eine sehr **günstige Grundlage** für sehr preiswerte und meist gesunde Mahlzeiten sein. Erstaunlich günstig lässt sich auch mit vielen **Tiefkühlprodukten** kochen, zum Beispiel mit Blätterteig. Fertigprodukte sind meist recht teuer, deswegen ist es besser, unverarbeitete Tiefkühlprodukte zu bevorzugen.

Egal, wo Sie einkaufen möchten, nach wie vor gilt die alte Regel: **Gehen Sie nie hungrig einkaufen, sonst landet mehr im Einkaufswagen als geplant!**

Tipps, um in der Küche zusätzlich Geld zu sparen

TÖPFE UND PFANNEN in der richtigen Größe wählen, Deckel verwenden.

ENERGIE UND STROM Früher hat man Kartoffeln nur kurz aufgekocht und dann den Topf mit den Bettdecken abgedeckt. Abends waren die Kartoffeln fertig und das Bett vorgewärmt. Sehr effizient sind Wasserkocher. Deshalb lohnt es sich, Kochwasser damit vorzubereiten. Außerdem geht es schneller.

FLEISCHMENGE REDUZIEREN für Frikadellen, Fleischbällchen, Bolognese und Pattys. Hier kann man die Hälfte des Fleisches durch Kichererbsen, Linsen oder Kidneybohnen ersetzen. Das macht die Masse schön locker und gibt viel Geschmack. Die Zugabe von Majoran hebt das Ganze.

HÜLSENFRÜCHTE am besten immer selbst kochen, das ist preiswerter. Kichererbsen beispielsweise am besten 12 Stunden gut bedeckt in kaltem Wasser einweichen, abbrausen und gut mit Wasser bedeckt etwa 60–70 Minuten köcheln lassen. Abgießen, abtropfen lassen, in Schraubgläser füllen und einfrieren. Zum Auftauen einfach aufdrehen und heißes Wasser darüberlaufen lassen.

STIELE, zum Beispiel von Brokkoli und Blumenkohl, mitverwerten. Einfach schälen, klein schneiden und kochen. Der Stiel kann auch wunderbar als Püree zubereitet und anstelle einer Sauce verwendet werden.

TIEFKÜHLPRODUKTE sind oft eine sehr gute und preiswerte Alternative zu frischen Produkten. Gemüse, Kräuter, Beeren und Früchte werden reif geerntet, direkt weiterverarbeitet und tiefgefroren.

RADIESCHEN sollte man am besten kaufen, wenn das Grün noch schön vital ist. Die Radieschen kann man als Salat, zu Salat und eingelegt verarbeiten. Das Grün passt ebenfalls in jeden Salat, man kann Pesto daraus zubereiten, es in grüner Sauce weiterverarbeiten, eine Suppe daraus kochen oder es klein geschnitten mit ins Dressing oder in die Vinaigrette geben.

VORRATSGLÄSER Joghurt-, Gurken- und andere große Gemüsegläser eignen sich hervorragend, um zu viel Suppe/Sauce oder Suppe/Sauce auf Vorrat haltbar zu machen. Dafür die Gläser mit Deckel heiß auswaschen. Die kochend heiße (wichtig!) Suppe oder Sauce abfüllen und die Gläser sofort verschließen. Auf einem Holzbrett in der Küche komplett auskühlen lassen und dann im Vorrat oder im Kühlschrank aufbewahren. So hat man immer schnell eine heiße Suppe oder Sauce zur Hand. Beim Öffnen des Glases muss ein Zischgeräusch zu hören sein.

RESTE sollten gut gekühlt und appetitlich in kleinen Behältnissen aufbewahrt gut sichtbar weit vorn im Kühlschrank platziert werden, damit sie nicht vergessen werden. Den Deckel oder die Abdeckfolie eventuell mit Datum und Inhalt beschriften. Viele Reste schmecken – sei es kalt oder erhitzt – auch am nächsten Tag noch vorzüglich.

RICHTIG LAGERN Beim Einkaufen lohnt es sich, konsequent nach dem Mindesthaltbarkeitsdatum zu schauen, wenn die Produkte nicht gleich auf dem Teller landen. Oft ist gerade in den Kühltheken alles nach dem Mindesthaltbarkeitsdatum von vorn nach hinten sortiert. Für den Einkauf von frischen, empfindlichen Lebensmitteln am besten eine Kühltasche mitnehmen und diese zu Hause sofort einräumen.

KÜHLSCHRANK Um im Kühlschrank für längere Haltbarkeit zu sorgen, sollte er regelmäßig mit Essigwasser ausgewaschen werden. Und: Nach meiner Erfahrung ist eine Kühltemperatur von 4 °C optimal.

VAKUUMIERTE TIERISCHE PRODUKTE, zum Beispiel von Rind, Kalb, Geflügel oder Schwein, immer unter kaltem Wasser abbrausen, trocken tupfen und mindestens 30 Minuten ohne Abdeckung ruhen lassen. Durch das Vakuumieren ergibt sich ein Reifungsprozess, der dazu führt, dass beispielsweise beim Rind das Fleisch leicht säuerlich schmeckt. Es braucht Luft, dann wird es neutral.

TOMATEN haben den besten Geschmack, wenn sie in der Küche und nicht im Kühlschrank lagern.

ÄPFEL sollte man nicht zu anderen Gemüsen, Salaten und Kräutern legen. Durch die Ausdünstung von Gasen reifen die anderen Lebensmittel zu schnell.

KÄSE sollte nie vollständig luftdicht in Folie gepackt werden. Folie deshalb nur lose herumwickeln oder direkt an der Käsetheke Käsepapier dazugeben lassen.

FLEISCH UND FISCH immer aus der Folie nehmen und so aufbewahren, dass austretender Saft und Fleisch beziehungsweise Fisch getrennt werden. Dazu setzt man beispielsweise einen umgedrehten kleinen Teller in eine Schüssel und deckt diese mit einem größeren Teller ab, sodass immer noch ein wenig Luft zirkulieren kann.

GEMÜSE gehört ins Gemüsefach, wenn es zum Vertrocknen neigt (zum Beispiel Salat, Spargel und Kohlsorten).

OBST sollte weniger feucht gelagert werden. Bereits angeschnittenes Obst und Avocados halten länger, wenn man sie mit Zitronensaft beträufelt.

Mit diesen kleinen Tipps wird es jedem gelingen, die Haushaltskasse schön schlank zu halten. Dass dabei trotzdem der Genuss nicht auf der Strecke bleibt, zeigt der Rezeptteil dieses Buches. Alle Gerichte kosten höchstens 5 € pro Person, berechnet nach den Lebensmittelpreisen Ende 2022. Die meisten sind günstiger.

Wer mag, kann sich bei der Einkaufsliste auch digital helfen lassen:
Auf **www.mengenrechner.de** kann man sich anmelden, das Buch kostenlos aktivieren und dann alle Rezepte zu einem Einkaufszettel für die richtige Personenzahl zusammenführen. Außerdem lassen sich Produkte hinzufügen oder sogar löschen, wenn man noch genug davon im Haus hat.

Ich wünsche allen mit den Rezepten gutes Gelingen und guten Appetit!

DEFTIG

Spicy Süßkartoffel-Flammkuchen

Zubereitungszeit 15–20 Minuten
Ruhezeit 1 Stunde
Backzeit 12–13 Minuten
Für 4 Portionen

TEIG
400 g Weizenmehl (Type 550) plus etwas zum Verarbeiten
40 g neutrales Pflanzenöl
6 g feines Meersalz

KARTOFFELN
800 g nicht zu dicke Süßkartoffeln schälen
Salz, Pfeffer
2 Prisen Chiliflocken
1 TL Paprikapulver (geräuchert oder edelsüß)
je 1 Msp. Currypulver und Ras el-Hanout (falls vorhanden)
40 g Olivenöl plus etwas zum Verarbeiten und Beträufeln

BELAG
250 g Magerquark
200 g Schmand
2 Eigelb (Größe M)
20 g Olivenöl
20 g Weizenmehl (Type 550)
Salz, Pfeffer
1–2 Prisen Chiliflocken

DAZU
12 dicke Radieschen
1 Stange Staudensellerie putzen
100 g rote Zwiebel schälen
einige schöne Radieschenblätter

AUSSERDEM
Backofen auf 240 °C Umluft vorheizen
Küchenmaschine mit Knethaken
Allesschneider oder Gemüsemandoline
2 Backbleche mit Backpapier auslegen
Nudelholz

Für den Teig **Mehl,** 200 g Wasser, **Pflanzenöl** und **Meersalz** in die Rührschüssel der Küchenmaschine geben und mit dem Knethaken auf der Stufe 2–4 zu einem Teig verarbeiten. Danach den Teig auf der Arbeitsfläche kurz mit der Hand durchkneten und in eine kleine Schüssel geben, mit Klarsichtfolie abdecken und 1 Stunde ruhen lassen. • Die **Süßkartoffeln** auf dem Allesschneider in etwa 0,5–1 mm dicke Scheiben hobeln und mit **Salz** und **Pfeffer** würzen. **Chiliflocken, Paprikapulver, Currypulver** und **Ras el-Hanout** darüberstreuen und am besten mit den Händen gut durchmengen, zum Schluss das **Olivenöl** zugeben und einarbeiten. • Für den Belag den **Quark** mit **Schmand, Eigelb, Olivenöl** und **Mehl** gut verrühren, mit **Salz, Pfeffer** und **Chiliflocken** würzen. • Den Teig in vier gleich große Stücke teilen und jedes Stück mit dem Nudelholz auf einer leicht **bemehlten** Arbeitsfläche dünn ausrollen. Zwei Fladen sollten jeweils nebeneinander auf ein Backblech passen. • Die Teigstücke auf die Backbleche legen, mit der Quarkcreme bestreichen und dabei jeweils einen Rand von 0,5 cm frei lassen. Süßkartoffeln gleichmäßig darauf verteilen. Die Bleche in den heißen Ofen stellen und 12–13 Minuten backen. Nach der Hälfte der Backzeit die Bleche im Ofen tauschen: das untere nach oben und das obere nach unten. • **Radieschen, Staudensellerie** und **Zwiebeln** in dünne Scheiben schneiden und mit etwas **Olivenöl** vermengen. • Nach dem Backen auf den Flammkuchen verteilen, mit **Olivenöl** beträufeln, mit **Pfeffer** würzen und mit **Radieschenblättern** dekorieren.

vegetarisch, frei von raffiniertem Zucker

Tipp Statt den Teig selbst zu machen, kann man hier auch sehr gut auf fertigen Flammkuchenteig aus dem Kühlregal zurückgreifen.

Nährwerte pro Portion: 1.001 kcal – F 45 g, KH 123 g, B 13 g, EW 26 g

Reibekuchen-Bruschetta

Zubereitungszeit 25 Minuten
Garzeit 10–12 Minuten
Für 4 Portionen

TOMATENSALAT
450 g Fleischtomaten
250 g Cocktailtomaten
100 g Zwiebeln schälen
2–3 Knoblauchzehen schälen
80 g schwarze Oliven ohne Stein
30 g Olivenöl
Salz, Pfeffer
Basilikumblätter für die Deko

REIBEKUCHEN
800 g festkochende Kartoffeln
2 Eier (Größe M)
80 g Weizenmehl (Type 550)
Salz, Pfeffer
Muskatnuss
250 g Sonnenblumenöl

AUSSERDEM
Backofen mit Backblech und Backpapier auf 80 °C Umluft vorheizen
Foodprozessor
Rechteckpfanne

vegetarisch, laktosefrei, frei von raffiniertem Zucker

Für den Salat die **Fleischtomaten** in kochendem Wasser 30–45 Sekunden blanchieren und danach 3 Minuten in eiskaltes Wasser geben. Pellen, in Scheiben schneiden und fein würfeln. • **Cocktailtomaten** in kleine Stücke schneiden, **Zwiebeln** würfeln und **Knoblauchzehen** pressen. **Oliven** grob hacken und alles mit **Olivenöl** in eine große Schüssel geben. Mit **Salz** und **Pfeffer** würzen. Alles gut vermengen und zur Seite stellen. • Für die Reibekuchen die **Kartoffeln** schälen, in haselnussgroße Stücke schneiden und im Foodprozessor in zwei bis drei Partien bröselig mixen. Die Kartoffeln in eine große Schüssel geben und mit den **Eiern** vermengen, das **Mehl** zugeben, mit **Salz, Pfeffer** und **Muskatnuss** würzen und alles mit einem Holzlöffel gut verrühren. • Das **Öl** in die Pfanne geben und auf voller Hitze erwärmen. Mit einem Holzkochlöffel testen: Steigen Bläschen am Stiel auf, hat das Öl die richtige Temperatur. Die Reibekuchen in drei Partien im heißen Fett je 3–4 Minuten knusprig braten. Fertige Reibekuchen im Ofen warm halten. Den Tomatensalat mit den Reibekuchen und **Basilikumblättern** anrichten und servieren.

Nährwerte pro Portion: 506 kcal – F 27 g, KH 49 g, B 8 g, EW 12 g

Masala-Ofenhuhn mit Paprika-Zwiebel-Gemüse und Ajvarcreme

Zubereitungszeit 15 Minuten
Garzeit 40 Minuten
Für 4 Portionen

GEMÜSE
400 g Zwiebeln schälen
2 große gelbe Paprika
1 große rote Paprika
1 große grüne Paprika
25 g Olivenöl
Salz, Pfeffer

SCHENKEL
4–5 Hähnchenschenkel
Saft von ½–1 Zitrone
Salz
2 TL Tandoori Masala

CREME
250 g Magerquark
100 g Ajvar
20 g Ahornsirup
Salz, Pfeffer

DAZU
2 Zweige Rosmarin, Nadeln abzupfen und hacken

AUSSERDEM
Backofen auf 180 °C Umluft vorheizen
großes Backblech

glutenfrei, frei von raffiniertem Zucker

Die **Zwiebeln** quer in dicke Scheiben schneiden. Die **Paprika** vierteln, entkernen und mit den Zwiebeln auf das große Backblech legen. Mit **Olivenöl** beträufeln und mit **Salz** und **Pfeffer** würzen. • Die **Hähnchenschenkel** kalt abbrausen und mit Küchenpapier trocken tupfen. Mit **Zitronensaft** einreiben, leicht **salzen** und mit dem **Tandoori-Gewürz** bestreuen. Zum Gemüse auf das Backblech legen. Im heißen Ofen 40 Minuten garen. • In der Zwischenzeit den **Quark** mit **Ajvar** und **Ahornsirup** vermengen und mit **Salz** und **Pfeffer** würzen und kalt stellen. • Vor dem Servieren mit **Rosmarin** bestreuen.

Tipp Dazu passen Kartoffelspalten, Püree, Brot oder ein knackiger Salat.

Nährwerte pro Portion: 786 kcal – F 47 g, KH 21 g, B 3 g, EW 75 g

Kartoffel-Saltimbocca mit Salat und Parmesandressing

Zubereitungszeit 20 Minuten
Garzeit 22–25 Minuten
Für 4 Portionen

24 gleich große Drillinge (etwa 650–700 g)
Salz
12 Scheiben Serranoschinken (160–180 g)
24 Salbeiblätter
1 EL Sonnenblumenöl

DRESSING
1 frisches Eigelb (Größe M)
1 kleine Knoblauchzehe schälen
15 g weißer Balsamico-Essig Condimento
15 g Zitronensaft
20 g mittelscharfer Senf
evtl. 5 g Worcestersauce
3 Sardellenfilets
20 g Honig
60 g Mineralwasser
Salz, Pfeffer
150 g Olivenöl
50 g geriebener Parmesan

DAZU
1 schöner grüner Salat
Parmesanspäne für die Deko

AUSSERDEM
mittelgroßer Topf
Stabmixer mit hohem Mixbecher
große Rechteckpfanne

glutenfrei, laktosefrei, frei von raffiniertem Zucker

Die **Kartoffeln** gut mit kaltem Wasser bedecken, aufkochen, **salzen** und 18–20 Minuten köcheln lassen. • In der Zwischenzeit für das Dressing das **Eigelb** mit **Knoblauch, Essig, Zitronensaft, Senf, Worcestersauce, Sardellenfilets, Honig** und **Mineralwasser** in einen hohen Mixbecher geben, mit **Salz** und **Pfeffer** würzen und mit dem Stabmixer cremig mixen. Das **Öl** in dünnem Strahl einmixen und zum Schluss den **Parmesan** dazugeben und durchmixen. Das Dressing bis zur Verwendung kalt stellen. • Den **Salat** putzen, waschen und in der Salatschleuder trocknen. • Die Kartoffeln abgießen und auf dem Herd kurz ausdämpfen lassen. Die **Schinkenscheiben** halbieren und jeweils eine Kartoffel mit einer Hälfte Schinken und einem **Salbeiblatt** einrollen. • Kartoffeln zunächst mit der Verschlussseite nach unten in eine Pfanne mit **Sonnenblumenöl** geben und auf mittlerer Temperatur anbraten. Insgesamt rundum 4–5 Minuten braten. Dann mit Salat, Dressing und **Parmesan** anrichten.

Nährwerte pro Portion: 714 kcal – F 54 g, KH 33 g, B 4 g, EW 25 g

Spareribs mit Béchamelkartoffeln

Zubereitungszeit 20 Minuten
Marinierzeit 2–3 Stunden
Garzeit 1 ½ Stunden
Für 4 Portionen

1 kg Spareribs
2 dicke Knoblauchzehen schälen
8 g Ingwer schälen
60 g Ketjap Manis
60 g Tomatenmark
30 g Sonnenblumenöl
15 g Ahornsirup
½ TL geräuchertes Paprikapulver
Pfeffer
1 kg Drillinge
Salz
40 g Butter
40 g Weizenmehl (Type 550)
250 g Gemüsebrühe
250 g Milch
Muskatnuss
20 g TK-Kräuter

AUSSERDEM
Backofen auf 160 °C Ober-/Unterhitze vorheizen
Backblech mit Backpapier auslegen
2 mittelgroße Töpfe

Die **Rippchen** kalt abbrausen, trocken tupfen und die Silberhaut auf der Innenseite entfernen. • Die **Knoblauchzehen** in eine Schüssel pressen, den **Ingwer** dazureiben und mit **Ketjap Manis, Tomatenmark, Öl, Ahornsirup, Paprikapulver** und etwas **Pfeffer** vermengen. Die Rippchen rundherum dick mit der Marinade einstreichen, auf das Backblech geben und 2–3 Stunden marinieren lassen. • Rippchen im heißen Ofen 1 ½ Stunden garen. • In der Zwischenzeit die **Kartoffeln** schälen und in einen Topf geben, mit Wasser bedecken, aufkochen, **salzen** und 22–24 Minuten kochen. Das Kochwasser auffangen. • Für die Béchamelsauce die **Butter** im Topf schmelzen, das **Mehl** einrühren, die **Gemüsebrühe** und dann die **Milch** nach und nach zugeben und glatt rühren. Die Sauce mit **Salz, Pfeffer** und **Muskatnuss** würzen und 15 Minuten leicht köcheln lassen. • Zum Schluss 50 g Kochwasser von den Kartoffeln einrühren. Kurz vor dem Anrichten die **Kräuter** zugeben. • Die Kartoffeln mit der Sauce übergießen und zu den Spareribs servieren.

Tipp Die Rippchen kann man gut über Nacht im Kühlschrank marinieren lassen. Allerdings sollte man sie 1 Stunde vor dem Garen aus dem Kühlschrank nehmen.

Nährwerte pro Portion: 822 kcal – F 46 g, KH 68 g, B 6 g, EW 33 g

Lauchkuchen mit gekochtem Schinken

Zubereitungszeit 10 Minuten
Backzeit 28–30 Minuten
Für 4 Portionen

1 Pck. Blätterteig aus dem Kühlregal (275 g)
400 g Lauch
200 g gekochter Schinken

LIAISON
3 Eier (Größe M)
150 g Sahne
Salz, Pfeffer
Muskatnuss

AUSSERDEM
Backofen auf 200 °C Umluft vorheizen
Stabmixer mit hohem Mixbecher
1 Lage Backpapier
kleines Backblech

frei von raffiniertem Zucker

Den **Blätterteig** aus dem Kühlschrank nehmen und 5 Minuten auf Raumtemperatur anwärmen lassen, dann bricht er nicht beim Entrollen. • Den **Lauch** der Länge nach vier- bis fünfmal einschneiden und in Stücke schneiden. In stehendem kaltem Wasser zweimal waschen und auf einem Sieb kurz abtropfen lassen. • Den **Schinken** erst in Streifen und dann in Würfel schneiden. • Die **Eier** mit der **Sahne,** etwas **Salz, Pfeffer** und **Muskatnuss** in den hohen Mixbecher geben und gut durchmixen. • Den Blätterteig entrollen, das Backpapier darauflegen, den Teig mithilfe des Papiers wenden und das weiße Papier abziehen. Die Temperatur des Backofens auf 180 °C Umluft reduzieren. Den Teig auf das Backblech geben und ein paar Mal mit einer Gabel einstechen. Den Lauch und den Schinken darauf verteilen, mit der Eimasse angießen und im heißen Ofen 28–30 Minuten backen.

Tipp Lauch und Salate immer in stehendem kaltem Wasser waschen. Mit den Händen oder einer großen Schaumkelle aus dem Wasser nehmen und auf ein Sieb geben. Nicht mit dem Wasser auf das Sieb gießen, da sich am Boden der Sand absetzt.

Nährwerte pro Portion: 541 kcal – F 39 g, KH 25 g, B 3 g, EW 21 g

Cheeseburger mit vegetarischen Rote-Bete-Pattys

Zubereitungszeit 20 Minuten
Ruhezeit 1 Stunde
Garzeit 5–6 Minuten
Für 4 Portionen

PATTYS
280 g frische Rote Beten ohne Blattwerk schälen
80 g Karotten schälen
90 g Räuchertofu
65 g zarte Haferflocken
25 g Haferkleie
1 Ei (Größe M)
4 g Ras el-Hanout
6 g Salz
Pfeffer
1 EL Sonnenblumenöl

DAZU
4 XXL-Burger-Buns
8 Scheiben Cheddar-Scheiblettenkäse
4–5 EL Cocktailsauce oder eine andere Sauce
grüne Salatblätter
dänischer Gurkensalat im Glas oder Sandwichgurken
4 schöne Scheiben von der Fleischtomate
100 g rote Zwiebel schälen und in Scheiben schneiden

AUSSERDEM
Foodprozessor
Küchenmaschine mit Flachrührer
Ausstechring (Ø 10–12 cm)
Rechteckpfanne

vegetarisch

Rote Beten, Karotten und **Tofu** in Stücke schneiden und in zwei Partien im Foodprozessor zu Bröseln zerkleinern. In die Rührschüssel der Küchenmaschine geben. **Haferflocken, Haferkleie, Ei, Ras el-Hanout, Salz** und etwas **Pfeffer** zugeben und mit dem Flachrührer auf niedriger Stufe 2–3 Minuten vermengen. Aus der Masse mit dem Ausstecher vier gleich große Pattys formen und gut andrücken. 1 Stunde ruhen lassen. • In der Zwischenzeit alle anderen Bestandteile zurechtlegen. • Die **Burger Buns** in der Rechteckpfanne auf der Innenseite ohne Fettzugabe anbraten. Auf jede untere Hälfte eine Scheibe **Käse** geben. Die Pattys in der heißen Pfanne in 1 EL **Öl** von beiden Seiten insgesamt 4–5 Minuten knusprig braten und gleich danach die restlichen **Käsescheiben** daraufgeben. Die Oberseiten der Buns mit der Hälfte der **Cocktailsauce** bestreichen. Den Burger mit **Salat** und der restlichen **Cocktailsauce, Gurkensalat,** Pattys, **Tomaten** und **Zwiebeln** zusammensetzen.

Nährwerte pro Portion: 654 kcal – F 25 g, KH 67 g, B 9 g, EW 19 g

Currywurst mit Kohlrabifritten

Zubereitungszeit 20 Minuten
Ruhezeit 15 Minuten
Garzeit 30–35 Minuten
Für 4 Portionen

FRITTEN
2 dicke Kohlrabi schälen
Salz
80 g weiße Mandeln
60 g Parmesan in Stücke schneiden
½ TL edelsüßes Paprikapulver
2 Eier (Größe M)

WURST
4 große Brühwürste
30 g Sonnenblumenöl
150 g scharfer Curry-Ketchup
1–2 TL Currypulver

AUSSERDEM
Backofen auf 180 °C Umluft vorheizen
Foodprozessor
Backblech mit Backpapier auslegen
Rechteckpfanne
kleiner Topf

laktosefrei*, glutenfrei, frei von raffiniertem Zucker

* sofern die Würste keine Laktose enthalten

Die **Kohlrabi** erst in etwa 1 cm dicke Scheiben schneiden, dann der Länge nach in 1 cm dicke Stifte. Die Stifte leicht **salzen** und 15 Minuten ruhen lassen. • Die **Mandeln** mit dem **Parmesan** im Foodprozessor extrafein-bröselig mixen. Mit **Paprikapulver** in eine Schüssel geben und alles gut miteinander vermengen. • Die **Eier** aufschlagen, gut mit 1 EL Wasser verquirlen und in einen tiefen Teller geben. Die Kohlrabistifte erst durch das Ei ziehen und dann in der Mandel-Parmesan-Masse wälzen. Die Panade leicht andrücken und die Stücke auf das Backblech legen. Das Backblech in den heißen Ofen stellen und den Kohlrabi 30–35 Minuten backen. • Die **Würste** in der Pfanne in **Öl** auf mittlerer Temperatur von allen Seiten insgesamt 4–5 Minuten schön braten. Den **Ketchup** im kleinen Topf erwärmen. • Die Wurst aufschneiden und mit den Kohlrabifritten und der Curryketchupsauce anrichten und mit **Currypulver** bestreuen.

Nährwerte pro Portion: 756 kcal – F 57 g, KH 25 g, B 4 g, EW 35 g

Rote-Bete-Köttbullar mit Kartoffelpüree und Rahmsauce

Zubereitungszeit 25 Minuten
Ruhezeit 1 Stunde
Garzeit 30–32 Minuten
Für 4 Portionen

KÖTTBULLAR
420 g frische Rote Beten ohne Blattwerk schälen
120 g Karotten schälen
130 g Räuchertofu
100 g zarte Haferflocken
40 g Haferkleie
1 Ei (Größe M)
1 Eigelb (Größe M)
6 g Ras el-Hanout
Salz, Pfeffer
1–2 EL Sonnenblumenöl

KARTOFFELPÜREE
1,2 kg festkochende Kartoffeln schälen
Salz
100 g Butter
130 g Milch
Muskatnuss

SAUCE
150 g Zwiebeln schälen
20 g Olivenöl
60 g gekörnter Senf
50 g Mineralwasser mit Kohlensäure
250 g Sahne
Salz, Pfeffer
½–1 EL cremiger Balsamico-Essig

DAZU
Preiselbeeren aus dem Glas oder Preiselbeermarmelade
Petersilienblätter für die Deko

AUSSERDEM
Foodprozessor
mittelgroßer und kleiner Topf
Kartoffelpresse oder Stampfer
Rechteckpfanne

vegetarisch

Rote Beten, Karotten und **Tofu** in Stücke schneiden und in drei bis vier Partien im Foodprozessor zu Bröseln zerkleinern. In die Rührschüssel der Küchenmaschine geben. **Haferflocken, Haferkleie, Ei, Eigelb, Ras el-Hanout,** 8 g **Salz** und etwas **Pfeffer** zugeben und mit dem Flachrührer auf niedriger Stufe 2–3 Minuten vermengen. Aus der Masse mit feuchten Händen 20 Köttbullar formen und 1 Stunde ruhen lassen. • In der Zwischenzeit das Kartoffelpüree vorbereiten: Die **Kartoffeln** halbieren oder vierteln. In den mittelgroßen Topf geben, mit kaltem Wasser abbrausen, abgießen und mit kaltem Wasser aufsetzen. Aufkochen, **salzen** und mit Deckel 22–25 Minuten köcheln lassen. Abgießen, auf dem Herd kurz ausdampfen lassen und zweimal durch die Kartoffelpresse drücken. Zurück in den Topf geben, die **Butter** zugeben und auf mittlerer Temperatur mit einem Silikonspatel oder Holzlöffel einrühren, dann die **Milch** zugeben und alles gut vermengen, mit **Salz** und **Muskatnuss** abschmecken und mit Deckel ohne weitere Hitze zur Seite stellen. • Für die Sauce die **Zwiebeln** würfeln und im kleinen Topf in **Olivenöl** auf mittlerer Temperatur 2 Minuten anschwitzen, den **Senf** zugeben, das **Mineralwasser** und die **Sahne** angießen. Mit **Salz** und **Pfeffer** würzen und zum Schluss den **Essig** einrühren. • Die Rechteckpfanne mit 1–2 EL **Sonnenblumenöl** auf voller Temperatur erhitzen. Die Köttbullar hineinsetzen und rundum 3–4 Minuten braten. Mit Kartoffelpüree, Sauce und Petersilie auf vier Tellern anrichten, die **Preiselbeeren** dazu reichen und mit **Petersilienblättern** garnieren.

Tipps Die Köttbullar kann man super am Vortag vorbereiten und roh ohne Abdeckung im Kühlschrank aufbewahren. So bekommen sie eine leicht trockene Kruste und lassen sich noch besser braten. – Im Kühlschrank halten sie sich locker 2–3 Tage.

Nährwerte pro Portion: 884 kcal – F 51 g, KH 77 g, B 14 g, EW 22 g

Gefüllte Brottasche mit Avocado-Gurken-Topping

Zubereitungszeit 20 Minuten
Ruhezeit 70 Minuten
Backzeit 20–22 Minuten
Für 4 Portionen

TEIG
500 g Weizenmehl (Type 550) plus etwas zum Verarbeiten
20 g Sesam
Salz
7 g Trockenhefe
20 g Olivenöl

FÜLLUNG
500 g Rinderhackfleisch
50 g Oliven ohne Stein
30 g frische Kräuter nach Belieben
1 TL getrockneter Majoran
50 g Tomatenketchup
Salz, Pfeffer

DAZU
1 genussreife Avocado
30 g Zitronensaft
200 g Salatgurke schälen
10 Minzeblätter
20 g Olivenöl
Salz, Pfeffer
80 g rote Zwiebel schälen

AUSSERDEM
Backofen auf 220 °C Umluft vorheizen
Küchenmaschine mit Knethaken und Flachrührer
Backblech mit Backpapier auslegen

laktosefrei

Das **Mehl** mit **Sesam,** 12 g **Salz, Hefe,** 300 g handwarmem Wasser und **Olivenöl** in die Rührschüssel der Küchenmaschine geben und mit dem Knethaken auf der Stufe 2–4 gute 4 Minuten durchkneten lassen. Die Schüssel mit einer Abdeckhaube versehen und den Teig 1 Stunde ruhen lassen. • Den Teig auf eine leicht **bemehlte** Arbeitsfläche geben und in vier gleichmäßige Stücke teilen. Die Teigstücke zu Kugeln formen, mit einem Tuch abdecken und 10 Minuten ruhen lassen. • In der Zwischenzeit das **Rinderhackfleisch** in die Rührschüssel der Küchenmaschine geben. **Oliven** und **Kräuter** hacken und mit **Majoran** und **Ketchup** zugeben. Die Mischung mit **Salz** und **Pfeffer** würzen und mit dem Flachrührer vermengen. • Die Temperatur des Backofens auf 200 °C Umluft reduzieren. Die Teigstücke oval auf etwa 20 cm Länge und 15 cm Breite ausrollen. Die Fleischmasse gleichmäßig darauf verteilen und jeweils einen Rand von 2 cm frei lassen. Die Seiten einschlagen, dann die Enden zusammendrücken. Auf das Backblech setzen und im heißen Ofen 20–22 Minuten backen. • **Avocado** vierteln, den Kern entfernen und die Schale abziehen. Das Fruchtfleisch würfeln, in eine Schüssel geben und mit **Zitronensaft** beträufeln. **Gurke** würfeln, **Minzeblätter** hacken und mit dem **Olivenöl** zugeben. Mit **Salz** und **Pfeffer** würzen. Die **Zwiebel** in dünne Scheiben schneiden. Die warmen Brottaschen mit dem Avocado-Gurken-Topping und den Zwiebeln belegen.

Nährwerte pro Portion: 1.002 kcal – F 48 g, KH 97 g, B 10 g, EW 40 g

Zitronenhuhn mit Ofengemüse

Zubereitungszeit 15 Minuten
Marinierzeit 1 Stunde
Garzeit 75–80 Minuten
Für 4 Portionen

1,5 kg Maishähnchen
Saft von ½ Biozitrone (Schale aufbewahren)
Salz
45 g Olivenöl

DAZU
1 kg Drillinge
400 g Karotten
Pfeffer
abgezupfte Nadeln von 2 Rosmarinzweigen
10 g glatte Petersilie hacken
Salbeiblätter für die Deko

AUSSERDEM
Backofen auf 180 °C Umluft vorheizen
Backblech mit Backpapier auslegen

laktosefrei, glutenfrei, frei von raffiniertem Zucker

Das **Maishähnchen** kalt abbrausen und mit Küchenpapier trocken tupfen. Mittig auf das Backblech setzen, mit **Zitronensaft** einreiben und die **Zitronenschale** einfach in das Hähnchen stecken. Mit **Salz** würzen und gut mit 1–2 EL **Olivenöl** einreiben. 1 Stunde bei Raumtemperatur marinieren lassen. • In der Zwischenzeit **Kartoffeln** und **Karotten** schälen. Die Kartoffeln in grobe Spalten und die Karotten in Stifte schneiden. • In eine Schüssel geben, mit dem restlichen **Olivenöl** vermengen und mit **Salz** und **Pfeffer** würzen. Anschließend rund um das Hähnchen auf dem Backblech verteilen und alles im heißen Ofen 75–80 Minuten backen. Zum Schluss den **Rosmarin** und die **Petersilie** darübergeben, mit **Salbeiblättern** garnieren und servieren.

Tipp Statt Maishähnchen kann man auch ein ganz normales Hähnchen verwenden. Wichtig ist, das Hähnchen immer gut abzuwaschen, trocken zu tupfen und Zimmertemperatur annehmen zu lassen. So wird es saftiger.

Nährwerte pro Portion: 690 kcal – F 36 g, KH 36 g, B 8 g, EW 79 g

Blumenkohl-Hackfleisch-Tarte

Zubereitungszeit 25 Minuten
Kühlzeit 45 Minuten
Backzeit 45 Minuten
Für 8 Stücke

TEIG
250 g Weizenmehl (Type 405)
125 g Butter
Salz
1 ½ TL getrockneter Majoran
2 Msp. Cumin

FÜLLUNG
450 g Gehacktes (halb und halb)
100 g Zwiebel schälen
60 g Staudensellerie
1 Prise Chiliflocken
Salz, Pfeffer
1 EL Sonnenblumenöl
250 g Blumenkohlröschen
60 g geriebener Käse
Frühlingslauchringe zum Bestreuen

LIAISON
200 g Sahne
3 Eier (Größe M)
Salz, Pfeffer

AUSSERDEM
Backofen auf 200 °C Ober-/Unterhitze vorheizen
Küchenmaschine mit Flachrührer
Tarteform (Ø 30 cm) mit rundem Backpapierzuschnitt
Pfanne
Stabmixer mit hohem Mixbecher
mittelgroßer Topf

frei von raffiniertem Zucker

Das **Mehl** mit **Butter,** ½ TL **Salz,** ½ TL **Majoran,** einer Messerspitze **Cumin** und 2–3 EL kaltem Wasser in die Rührschüssel der Küchenmaschine geben und mit dem Flachrührer auf kleiner Stufe zu einem Teig verarbeiten. Den Teig ohne Mehl auf der Arbeitsfläche zu einer Kugel formen und zwischen Klarsichtfolie auf etwa 32–33 cm Durchmesser ausrollen. Die Form damit auskleiden, den Rand nach innen schlagen und dann einen schönen gleichmäßigen Abschluss formen. Mit einer Gabel den Teigboden mehrfach einstechen und 30 Minuten in den Kühlschrank und danach 15 Minuten in den Tiefkühler stellen. • In der Zwischenzeit das **Gehackte** mit 1 TL **Majoran** und einer Messerspitze **Cumin** in die Rührschüssel geben, die **Zwiebel** und den **Staudensellerie** fein würfeln und mit den **Chiliflocken** zugeben. Mit **Salz** und **Pfeffer** würzen. Alles mit dem Flachrührer gut durcharbeiten. • Die Pfanne mit **Öl** erhitzen und das Fleisch darin 4–5 Minuten krümelig anbraten. Dann ohne weitere Hitze stehen lassen. • Die **Sahne** mit den **Eiern** und etwas **Salz** und **Pfeffer** in den hohen Mixbecher geben und gut durchmixen. • Den Topf mit Wasser aufkochen, **salzen** und die **Blumenkohlröschen** darin aufkochen und 1 Minute kochen lassen. Auf ein Sieb abgießen und ziehen lassen. • Den **Käse** auf dem Teigboden verteilen, das Fleisch daraufgeben, mit der Liaison angießen und die Blumenkohlröschen einsetzen. • Die Tarte 45 Minuten backen. Nach der Hälfte der Zeit eventuell mit Alupapier abdecken. Auf einem Kuchengitter etwas abkühlen lassen, mit **Frühlingslauch** bestreuen und warm genießen.

Tipp Damit der Teigboden nicht durchweicht, ist es sinnvoll, ihn mit Käse zu bestreuen oder auch mit einem Eigelb einzustreichen. Das verschließt die Oberfläche und der Teigboden bleibt schön trocken und mürbe.

Nährwerte pro Stück: 386 kcal – F 27 g, KH 26 g, B 3 g, EW 10 g

Kalbsragout mit Oliven, Rosinen und Couscous

Zubereitungszeit 20 Minuten
Garzeit 45 Minuten
Für 4 Portionen

500 g küchenfertiges Kalbfleisch am Stück (z. B. Semerrolle)
350 g Karotten schälen
250 g Zwiebeln schälen
2 Knoblauchzehen schälen
70 g Olivenöl
Salz
450 g Gemüsebrühe
100 g schwarze Oliven ohne Stein
50 g Rosinen
Pfeffer
½ EL Speisestärke

DAZU
300 g Couscous
15 g glatte Petersilie
2 Stangen Frühlingslauch putzen

AUSSERDEM
Gussbräter oder Schmortopf
kleiner Topf

laktosefrei, frei von raffiniertem Zucker

Den Gussbräter 5 Minuten vor dem Gebrauch auf mittlere Temperatur aufheizen. • Das **Fleisch** und die **Karotten** in walnussgroße Stücke schneiden. Die **Zwiebeln** fein würfeln, die **Knoblauchzehen** hacken. 40 g **Olivenöl** in den Bräter geben und heiß werden lassen. • Das Fleisch **salzen** und im Bräter 4–5 Minuten anbraten. • Die Karotten mit Zwiebeln und Knoblauch zugeben und 2–3 Minuten angehen lassen. Mit **Brühe** auffüllen und aufkochen. **Oliven** und **Rosinen** zugeben, mit **Salz** und **Pfeffer** würzen und alles mit Deckel auf kleiner Temperatur 35 Minuten köcheln lassen. • In der Zwischenzeit den **Couscous** in eine große Schüssel geben. 330 g Wasser mit dem restlichen **Olivenöl,** etwas **Salz** und **Pfeffer** im kleinen Topf aufkochen. Den Couscous damit übergießen, vermengen und abgedeckt ziehen lassen. • Das Ragout nach Ende der Garzeit ohne weitere Hitze 5 Minuten ziehen lassen. Die **Speisestärke** mit 2–3 EL kaltem Wasser anrühren. Das Ragout noch einmal aufkochen und sämig mit der Speisestärke abbinden. • Den Couscous mit einer Gabel auflockern, die **Petersilie** hacken, zugeben und vermengen. • Den **Frühlingslauch** in Ringe schneiden und das Ragout mit Couscous und Frühlingslauch anrichten.

Tipp Fleisch für Ragout, Gulasch, Frikadellen, Pattys oder kleine Klopse am besten immer am Stück kaufen und erst zurechtschneiden oder verarbeiten, wenn man es benötigt. Vorteil ist, dass das Fleisch nicht aussaftet und später als Speise saftiger und mit mehr Geschmack ist.

Nährwerte pro Portion: 665 kcal – F 24 g, KH 70 g, B 8 g, EW 37 g

Chicken Burger

Zubereitungszeit 10 Minuten
Ruhezeit 15 Minuten
Garzeit 6 Minuten
Für 4 Portionen

500 g küchenfertige Hähnchenbrust
Salz, Pfeffer
2 EL edelsüßes Paprikapulver
170 g Sonnenblumenöl

MAYONNAISE
100 g zimmerwarme H-Milch
40 g Honigsenf
10 g Honig
8 g Currypulver
2 Prisen Chiliflocken
Salz, Pfeffer
10 g weißer Balsamico-Essig Condimento

DAZU
4–8 schöne grüne Salatblätter
1 gelbe Paprika
1 Fleischtomate
⅓ Salatgurke
4 Toastbrötchen

AUSSERDEM
Stabmixer mit hohem Mixbecher
Toaster
große Rechteckpfanne

frei von raffiniertem Zucker

Die **Hähnchenbrust** der Länge nach in dünne Schnitzel schneiden. Mit **Salz** und **Pfeffer** würzen, von beiden Seiten mit **Paprikapulver** bestäuben und 15 Minuten stehen lassen. • In der Zwischenzeit die **Milch** mit **Honigsenf, Honig, Currypulver, Chiliflocken, Salz** und **Pfeffer** in den hohen Mixbecher geben und glatt mixen. 140 g **Sonnenblumenöl** in dünnem Strahl hinzugeben und zum Schluss den **Essig** einmixen. • Die **Salatblätter** bereitstellen, **Paprika, Tomate** und **Gurke** in Scheiben schneiden. Die **Toastbrötchen** toasten oder in einer Pfanne ohne Fettzugabe leicht anbraten. • Die große Pfanne bei voller Temperatur erhitzen, das restliche **Sonnenblumenöl** zugeben und die Hähnchenstücke einlegen. Auf mittlerer Temperatur von jeder Seite etwa 2 Minuten braten. Danach in der Pfanne ohne weitere Hitze 2 Minuten ziehen lassen. • Die Burger mit Hähnchen, Salat, Paprika, Tomate, Gurke und Mayonnaise zusammensetzen.

Tipps Die Mayonnaise wird auf Basis von H-Milch hergestellt. Lagert man sie kühl, ist sie so lange haltbar wie die Milch. Dafür aber immer mit einem sauberen Löffel in die Mayonnaise gehen und am besten in einem Schraubglas oder einer gut verschließbaren Dose im Kühlschrank aufbewahren. Es lohnt sich, einen kleinen Vorrat anzulegen. – Man kann die Mayonnaise auch als Grundlage für ein Dressing verwenden. Einfach Mayo mit Joghurt, Schmand oder saurer Sahne verrühren und eventuell noch etwas Mineralwasser zugeben.

Nährwerte pro Portion: 739 kcal – F 47 g, KH 41 g, B 4 g, EW 38 g

Tortilla-Wraps mit Roastbeef und Coleslaw

Zubereitungszeit 18–20 Minuten
Marinierzeit etwa 2 Stunden
Garzeit 5–6 Minuten
Für 4 Portionen

SALAT
500 g Weißkohl
300 g Karotten schälen
17 g Salz
35 g Zucker
200 g Mayonnaise
1 Knoblauchzehe schälen
30 g weißer Balsamico-Essig Condimento
10 g TK-Kräuter (z. B. „8 Kräuter")
Pfeffer

DAZU
1–2 TL Sonnenblumenöl
4 Tortilla-Wraps (Weizenmehlfladen)
60 g grüne Salatblätter
12 schöne Scheiben rosa gebratenes Roastbeef

AUSSERDEM
Foodprozessor
Rechteckpfanne
kleines Backblech
runde Pfanne
Butterbrotpapier
Kordelband

Den **Weißkohl** vierteln und den Strunk entfernen. Den Kohl in schöne dünne Streifen schneiden und in eine große Schüssel geben. Mit 2 Liter kochend heißem Wasser übergießen und 3 Minuten ziehen lassen. Den Kohl in ein Sieb geben, kalt abbrausen, abtropfen lassen und mithilfe eines Küchentuchs ausdrücken. Zurück in die trockene Schüssel geben. • **Karotten** in Stücke schneiden und im Foodprozessor bröselig mixen. Zum Weißkohl geben. Mit 10 g **Salz** und 15 g **Zucker** vermengen, durchkneten und stehen lassen. • In der Zwischenzeit die **Mayonnaise** in eine Schüssel geben, die **Knoblauchzehe** hineinpressen, **Essig,** restlichen **Zucker, Kräuter,** restliches **Salz** und etwas **Pfeffer** zugeben und alles gut verrühren. Die Mischung mit dem Weißkohl vermengen und mindestens 1 Stunde 45 Minuten kalt stellen. • Etwas **Öl** in der Rechteckpfanne bei voller Temperatur erhitzen und die Scheiben in zwei bis drei Partien jeweils 5–6 Sekunden von jeder Seite braten. Danach auf das Backblech geben. • Die **Tortilla-Wraps** einzeln in der runden Pfanne auf mittlerer Temperatur jeweils 1 Minute ohne Fettzugabe erhitzen. Dann sofort mit **grünem Salat,** Coleslaw und **Roastbeefscheiben** füllen und eng aufrollen. Die Enden leicht in die Öffnung drücken und die Wraps einzeln in etwas Butterbrotpapier einrollen. Mit einer Kordel festbinden.

Tipps Ich persönlich liebe frische Pfefferminzblätter oder Koriandergrün in der Füllung, das hebt noch mal den Geschmack. – Dazu passt eine Barbecuesauce oder eine süßscharfe Chilisauce.

Nährwerte pro Portion: 949 kcal – F 55 g, KH 70 g, B 6 g, EW 42 g

Pasta rustica mit Spinat und Salami

Zubereitungszeit 10 Minuten
Garzeit 10–12 Minuten
Für 4 Portionen

500 g Pasta (z. B. Gemelli)
Salz
300 g Zucchini
15 g Olivenöl
½ TL getrockneter Thymian oder italienische Kräuter
Pfeffer
150 g Babyspinat
2 Gläser rotes mediterranes Pesto (à 200 g)
12 Scheiben luftgetrocknete Salami

AUSSERDEM
großer Topf
mittelgroße Pfanne

laktosefrei*, frei von raffiniertem Zucker

* sofern Salami und Pesto laktosefrei sind

Die **Nudeln** in kochendem **Salzwasser** nach Packungsangabe garen. • In der Zwischenzeit die **Zucchini** in Stücke oder Würfel schneiden. Das **Olivenöl** in der Pfanne erhitzen und die Zucchini darin 4–5 Minuten braten, zwischendurch schwenken oder wenden. Den **Thymian** zugeben und alles mit **Salz** und **Pfeffer** würzen. Ohne weitere Hitze ziehen lassen. • Den **Spinat** in ein großes Sieb geben. Die Nudeln über dem Spinat abgießen, dabei 50 g Nudelwasser auffangen. Die Nudeln mit dem Spinat vermengen und kurz etwas abtropfen lassen. • Die 50 g Kochflüssigkeit wieder in den Nudeltopf geben, das **Pesto** zugeben, aufkochen und mit **Salz** und **Pfeffer** abschmecken. Die Spinatnudeln zugeben und auf mittlerer Temperatur gut 1 Minute kochen lassen. • Die Nudeln mit Zucchini und **Salami** anrichten.

Nährwerte pro Portion: 1.099 kcal – F 64 g, KH 94 g, B 2 g, EW 32 g

Fetakäse in Erdnussflipspanade mit Kichererbsen

Zubereitungszeit 15 Minuten
Garzeit 4–5 Minuten
Für 4 Portionen

4 Pck. Fetakäse (à 200 g)

SALAT
2 Dosen Kichererbsen (à 425 g Einwaage)
Saft von ½–1 Zitrone
80 g rote Zwiebel schälen
20 Minzeblätter plus etwas für die Deko
60 g schwarze Oliven ohne Stein
30 g Olivenöl
Salz, Pfeffer
150 g kernlose helle Weintrauben

PANADE
200 g Erdnussflips
50 g Weizenmehl (Type 550)
2 Eier (Größe M) mit 2 EL Wasser verquirlen
80 g Sonnenblumenöl

AUSSERDEM
Foodprozessor
Rechteckpfanne

vegetarisch, frei von raffiniertem Zucker

Die **Fetakäseblöcke** aus der Verpackung nehmen, der Länge nach halbieren und auf Küchenpapier trocken legen. • Die **Kichererbsen** in ein Sieb geben, mit kaltem Wasser abbrausen und abtropfen lassen. Anschließend mit **Zitronensaft** in eine Schüssel geben. Die **Zwiebel** fein würfeln, die **Minze** in dünne Streifen schneiden und mit **Oliven** und **Olivenöl** in die Schüssel geben. Mit **Salz** und **Pfeffer** würzen und gut vermengen. Die Hälfte der **Weintrauben** halbieren und zum Salat geben, die andere Hälfte für die Deko zurückbehalten. Den Salat kalt stellen. • Die **Erdnussflips** im Foodprozessor in zwei bis drei Partien zerkleinern, bis sie eine paniermehlartige Struktur haben. Den Käse erst in **Mehl** wälzen, durch das verquirlte **Ei** ziehen, dann in der Erdnussflipspanade wenden. • Die Rechteckpfanne mit **Öl** auf voller Hitze heiß werden lassen. Die Temperatur mit einem Holzkochlöffel testen: Steigen Bläschen am Stiel auf, ist sie richtig. Die Fetastücke von allen Seiten bei mittlerer Temperatur insgesamt 4–5 Minuten knusprig braten. Anschließend auf Küchenpapier abtropfen lassen und mit Kichererbsensalat, Weintrauben und **Minzeblättern** anrichten.

Nährwerte pro Portion: 1.140 kcal – F 74 g, KH 57 g, B 10 g, EW 52 g

Frische Bratwurst mit Röstkartoffeln und Gurkensalat

Zubereitungszeit 15–20 Minuten
Garzeit 25 Minuten
Für 4 Portionen

GURKENSALAT
150 g Sahne
20 g Zucker
Salz, Pfeffer
20–25 g Zitronensaft
80 g Zwiebel schälen
1 große Salatgurke (450–500 g)
3 Stangen Frühlingslauch putzen
1–2 Stängel Dill

RÖSTKARTOFFELN
1,5 kg vorwiegend festkochende Kartoffeln schälen
80 g Sonnenblumenöl
Salz, Pfeffer
300 g Zwiebeln schälen
3 Knoblauchzehen schälen

DAZU
4 große oder 8 kleine frische Bratwürste
Petersilienblätter für die Deko
evtl. 3–4 EL küchenfertige Röstzwiebeln

AUSSERDEM
große Rechteckpfanne mit Deckel
quadratische Pfanne mit Deckel

glutenfrei*

* ohne Röstzwiebeln

Für den Gurkensalat die **Sahne** mit **Zucker, Salz** und **Pfeffer** in eine große Schüssel geben und gut verrühren. Den **Zitronensaft** einrühren, 80 g **Zwiebeln** in dünne Scheiben schneiden und zugeben. Die **Gurke** in dünne Scheiben schneiden oder hobeln und dazugeben. Den **Frühlingslauch** in Ringe schneiden und den **Dill** hacken. Alles miteinander vermengen und kalt stellen. • Für die Röstkartoffeln die **Kartoffeln** in haselnussgroße Würfel schneiden, in ein Sieb geben, mit kaltem Wasser abbrausen und 2–3 Minuten gut abtropfen lassen. 60 g **Öl** in die große Pfanne geben, auf höchster Stufe erhitzen, die Kartoffeln zugeben, mit **Salz** und **Pfeffer** würzen. Erst nach 2–3 Minuten die Kartoffeln schwenken oder wenden. 10 Minuten unter gelegentlichem Rühren auf mittlerer Temperatur ohne Deckel garen. • 300 g **Zwiebeln** würfeln, die **Knoblauchzehen** hacken und zu den Kartoffeln geben, alles gut vermengen und mit Deckel 3–4 Minuten weitergaren. Die Kartoffeln eventuell nachwürzen und mit Deckel ohne weitere Hitze ein paar Minuten ziehen lassen. • In der Zwischenzeit die zweite Pfanne mit dem restlichen **Öl** erhitzen, die **Bratwürste** ein paar Mal einstechen und rundum bei mittlerer Temperatur insgesamt 6–8 Minuten braten. • Die Bratwurst mit den Röstkartoffeln anrichten und mit **Petersilienblättern** garnieren. Den Gurkensalat dazu reichen. Wer mag, nimmt sich noch ein paar **Röstzwiebeln.**

Nährwerte pro Portion: 836 kcal – F 51 g, KH 71 g, B 11 g, EW 21 g

Käse-Makkaroni mit Mandel-Petersilien-Topping

Zubereitungszeit 15 Minuten
Garzeit etwa 40 Minuten
Für 4 Portionen

40 g Butter
40 g Weizenmehl (Type 550)
6 g edelsüßes Paprikapulver
350 g Milch
200 g Sahne
Salz, Pfeffer
400 g Makkaroni
150 g geriebener Emmentaler
150 g geriebener Cheddar

TOPPING
125 g weiße Mandeln
10 g frische Petersilie grob hacken

AUSSERDEM
Backofen auf 175 °C Ober-/Unterhitze vorheizen
mittelgroßer Topf
großer Topf
Pfanne oder Auflaufform
kleine Pfanne
Foodprozessor

vegetarisch, frei von raffiniertem Zucker

Die **Butter** im mittelgroßen Topf schmelzen, das **Mehl** und das **Paprikapulver** zugeben und mit einem Schneebesen gut durchrühren. Erst die **Milch** nach und nach einrühren, dann die **Sahne.** Mit **Salz** und **Pfeffer** würzen und unter gelegentlichem Rühren 10 Minuten köcheln lassen. • Die **Makkaroni** in kochendem **Salzwasser** al dente kochen und in ein Sieb abgießen. Mit drei Vierteln vom **Käse** und der ganzen Sauce vermengen. In die Pfanne oder die Auflaufform geben, mit dem restlichen **Käse** bestreuen und im heißen Ofen 30 Minuten backen. • In der Zwischenzeit die **Mandeln** in einer Pfanne ohne Fettzugabe rösten und abkühlen lassen. Mit **Petersilie** und etwas **Salz** im Foodprozessor zerkleinern. Das Ganze sollte eine parmesanähnliche Konsistenz haben. Über die Käse-Makkaroni streuen und servieren.

Tipps Anstelle der Makkaroni kann man natürlich jede andere Nudelsorte verwenden oder auch mal Nudeln mischen, die im Päckchen übrig geblieben sind. – Wer mag, richtet das Ganze mit etwas Rucolasalat an.

Nährwerte pro Portion: 1.146 kcal – F 66 g, KH 86 g, B 5 g, EW 46 g

Herzhafter Armer Ritter

Zubereitungszeit 15–20 Minuten
Ruhezeit: 30 Minuten
Garzeit 4–5 Minuten
Für 4 Portionen

FÜLLUNG
2 Dosen Kidneybohnen (je 400 g Einwaage)
1 Dose Thunfisch in Lake (185 g Einwaage)
1 TL getrockneter Majoran
Salz, Pfeffer
100 g Schmand
30 g zarte Haferflocken
20 g frische Petersilie

DAZU
4 große dicke Bauernbrotscheiben (etwa 20 cm lang)

EIERMILCH
140 g Milch
2 Eier (Größe M)
Salz, Pfeffer

SALAT
80 g rote Zwiebel schälen
6–8 Minzeblätter
45 g weißer Balsamico-Essig Condimento
25 g Olivenöl
Salz, Pfeffer
150–180 g Römersalat putzen

AUSSERDEM
Foodprozessor
Stabmixer mit hohem Mixbecher
kleines tiefes Backblech oder Auflaufform
Rechteckpfanne

frei von raffiniertem Zucker

Eine Dose **Kidneybohnen** für die Füllung in ein Sieb geben und unter kaltem Wasser abbrausen. Den **Thunfisch** dazugeben und 1–2 Minuten abtropfen lassen. Anschließend im Foodprozessor in zwei Partien zerkleinern und in eine Schüssel geben. **Majoran, Salz, Pfeffer** und **Schmand** zugeben und gut verrühren. Die **Haferflocken** zugeben, die **Petersilie** hacken und dann alles miteinander vermengen. Die Masse gleichmäßig auf zwei **Brotscheiben** verteilen und glatt streichen, mit den restlichen **Brotscheiben** abdecken und leicht andrücken. • Die **Milch** mit den **Eiern** in den Mixbecher geben, **salzen** und **pfeffern,** durchmixen und auf das Backblech gießen. Das gefüllte Brot in die Eiermilch legen und 30 Minuten ruhen lassen, dabei alle 5 Minuten wenden, damit es gleichmäßig durchzieht. • In der Zwischenzeit die restlichen **Kidneybohnen** für den Salat in ein Sieb geben, abbrausen und kurz abtropfen lassen. • Die **Zwiebel** würfeln, die **Minze** hacken und mit den Kidneybohnen in eine Schüssel geben. **Essig, Öl, Salz** und **Pfeffer** zugeben und vermengen. • Das Brot in einer heißen Pfanne mit **Öl** auf mittlerer Temperatur von beiden Seiten knusprig braun backen. Anschließend halbieren und mit **Römersalatblättern** und Kidneybohnensalat servieren.

Nährwerte pro Portion: 447 kcal – F 18 g, KH 36 g, B 7 g, EW 15 g

Kartoffelcurry

Zubereitungszeit 15 Minuten
Garzeit 35–38 Minuten
Für 4 Portionen

1,7 kg mehligkochende Kartoffeln
300 g Zwiebeln
50 g Sonnenblumenöl
20 g Currypulver
15 g gemahlene Kurkuma
5 g Cumin
5 g gemahlener Zimt
2 Prisen Chiliflocken
Salz, Pfeffer
500 g Gemüsebrühe
250 g Kokosmilch
25 g Ahornsirup oder Honig
1 Dose stückige Tomaten (400 g Einwaage)

DAZU
150 g Naturjoghurt

AUSSERDEM
großer Kochtopf mit Deckel

vegetarisch, glutenfrei, frei von raffiniertem Zucker

Kartoffeln schälen, halbieren und in Stücke schneiden, **Zwiebeln** schälen und in Scheiben schneiden. • Das **Öl** im Topf erhitzen und die Zwiebeln darin auf mittlerer Temperatur 2–3 Minuten anbraten. Die Kartoffeln zugeben und weitere 2 Minuten anschwitzen. **Currypulver, Kurkuma, Cumin, Zimt** und **Chiliflocken** zugeben und kurz angehen lassen, mit **Salz** und **Pfeffer** würzen. • Die **Gemüsebrühe** angießen, dann mit **Kokosmilch, Ahornsirup** und **Tomaten** auffüllen. • Die Mischung aufkochen und abgedeckt unter gelegentlichem Rühren auf kleiner bis mittlerer Temperatur 30–32 Minuten köcheln lassen. • Mit **Joghurt** servieren.

Tipp Dazu passen sehr gut Chapatis oder ein Baguette.

Nährwerte pro Portion: 662 kcal – F 30 g, KH 84 g, B 14 g, EW 15 g

Geflügelfrikadellen mit Kartoffelspieß

Zubereitungszeit 20 Minuten
Garzeit 27–30 Minuten
Für 4 Portionen

650 g Drillinge
Salz
550 g kalte Hähnchenbrüste
100 g Toastbrot
30 g TK-Kräuter (z. B. italienische Kräuter oder „8 Kräuter")
1 Ei (Größe M)
60 g Paniermehl
Pfeffer
1 EL Sonnenblumenöl

DAZU
8 Zitronenspalten
Barbecuesauce
etwas Sesam

AUSSERDEM
mittelgroßer Topf
Küchenmaschine mit gekühltem Fleischwolf und Flachrührer
1 mittelgroße Pfanne mit Deckel
1 Rechteckpfanne
4 Holzspieße

laktosefrei, frei von raffiniertem Zucker

Kartoffeln gut mit kaltem Wasser bedecken, aufkochen, **salzen** und 18–20 Minuten köcheln lassen. • In der Zwischenzeit die **Hähnchenbrüste** und das **Toastbrot** in Stücke schneiden und durch den Fleischwolf direkt in die Rührschüssel lassen. **Kräuter, Ei** und **Paniermehl** zugeben, mit **Salz** und **Pfeffer** würzen und mit dem Flachrührer in der Maschine vermengen. Aus der Masse mit feuchten Händen acht gleich große Frikadellen formen. Anschließend in der mittelgroßen Pfanne von beiden Seiten auf mittlerer Temperatur insgesamt 4–5 Minuten braten. Dann mit Deckel weitere 2 Minuten ruhen lassen. • Kartoffeln abgießen, auf dem Herd kurz ausdampfen lassen, anschließend aufspießen und auf mittlerer Temperatur in der Rechteckpfanne in **Öl** 3–5 Minuten von allen Seiten braten. • Mit **Zitronenspalten** und **Barbecuesauce** anrichten und mit **Sesam** bestreuen.

Nährwerte pro Portion: 497 kcal – F 6 g, KH 58 g, B 5 g, EW 44 g

Süßkartoffelragout mit kleinen Fleischbällchen

Zubereitungszeit 25–30 Minuten
Garzeit 20–24 Minuten
Für 4 Portionen

350 g kalte Rinderhüfte am Stück
20 g gemischte Kräuter (frisch oder TK)
1 Dose Mais (425 g Einwaage)
100 g Toastbrot in Stücke schneiden
5 g edelsüßes Paprikapulver
2 Eier (Größe M)
50 g Paniermehl
Salz, Pfeffer

SÜSSKARTOFFELN
1 kg Süßkartoffeln schälen
200 g Zwiebeln schälen
2 Knoblauchzehen schälen
30 g Olivenöl
200 g Gemüsebrühe
150 g Doppelrahmfrischkäse
15 g glatte Petersilie hacken

AUSSERDEM
Backofen auf 160 °C Umluft vorheizen
Küchenmaschine mit Fleischwolf und Flachrührer gut kühlen
kleines Backblech mit Backpapier auslegen
große Pfanne mit Deckel

frei von raffiniertem Zucker

Die **Rinderhüfte** in Stücke schneiden und einmal durch den Fleischwolf lassen. Damit die Masse schöner wird, das Fleisch ein zweites Mal, nun im Wechsel mit **Kräutern, Mais** und **Toastbrot,** durch den Fleischwolf direkt in die Rührschüssel der Küchenmaschine lassen. **Paprikapulver, Eier** und **Paniermehl** zugeben, mit **Salz** und **Pfeffer** würzen und alles mit dem Flachrührer auf kleiner Stufe vermengen. Mit feuchten Händen aus der Masse 20 kleine Bällchen formen. (Zum Portionieren eignet sich ein Eisportionierer mit Auswurf hervorragend.) Die Fleischbällchen auf das vorbereitete Backblech geben und im heißen Ofen 10 Minuten backen, anschließend ohne weitere Hitze bis zum Anrichten im Ofen ziehen lassen. • In der Zwischenzeit die **Süßkartoffeln** in Stifte schneiden, die **Zwiebeln** würfeln und die **Knoblauchzehen** hacken. Die Pfanne mit **Olivenöl** auf mittlerer Temperatur erhitzen und die Zwiebeln mit Knoblauch darin 3–4 Minuten anschwitzen, dann die **Gemüsebrühe** angießen. Den **Frischkäse** einrühren und aufkochen. Die Süßkartoffeln zugeben, vermengen und mit Deckel 8–9 Minuten garen, mit **Salz** und **Pfeffer** würzen und mit Deckel ohne weitere Hitze ziehen lassen. • Zum Schluss die **Petersilie** einrühren. Die Süßkartoffeln mit den Fleischbällchen anrichten.

Tipps Wenn man mit dem Fleischwolf tierische Produkte wolft, ist es sinnvoll, ihn vorher gut zu kühlen, dann wird die durchgelassene Masse schöner. Fleisch, zum Beispiel Rind, Schwein, Geflügel, Lamm, Kaninchen, oder Fisch sollte auch gut gekühlt sein. – Den Mais kann man gut durch Kichererbsen oder weiße Bohnen ersetzen. Bei den Kräutern bringt Estragon eine ganz besondere Note mit rein. Dann aber höchstens 5 g benutzen, sonst wird er zu dominant.

Nährwerte pro Portion: 772 kcal – F 22 g, KH 101 g, B 11 g, EW 37 g

Kräuterspätzle mit Zwiebeln, Käse und Spiegelei

Zubereitungszeit 15–18 Minuten
Ruhezeit 10 Minuten
Garzeit 15–18 Minuten
Backzeit 15 Minuten
Für 4 Portionen

SPÄTZLE
13 Eier (Größe M)
85 g Mineralwasser mit Kohlensäure
60 g gemischte Kräuter (z. B. Petersilie, Dill, Kerbel, Schnittlauch)
Salz, Pfeffer
Muskatnuss
400 g Instant-Weizenmehl oder Weizenmehl (Type 405)

DAZU
600 g Zwiebeln schälen
30 g Sonnenblumen- oder Olivenöl plus etwas mehr für die Spätzle
200 g geriebener Comté-Käse
20 g Butter zum Braten

AUSSERDEM
Backofen auf 200 °C Umluft vorheizen
Standmixer/Blender (alternativ Stabmixer)
Küchenmaschine mit Flachrührer
großer Topf
Spätzlepresse
2 große Pfannen
4 mittelgroße Auflaufformen oder 1 große Auflaufform

vegetarisch, frei von raffiniertem Zucker

Fünf **Eier** mit **Mineralwasser** in den Standmixer geben. Die **Kräuter** grob hacken und zugeben, mit **Salz, Pfeffer** und **Muskatnuss** würzen und auf mittlerer bis hoher Stufe 15–20 Sekunden durchlaufen lassen. • Das **Mehl** in die Rührschüssel der Küchenmaschine geben, die Eiermischung zugeben und alles mit dem Flachrührer auf kleiner Stufe 2–3 Minuten durcharbeiten. Die Masse 10 Minuten ruhen lassen. In der Zwischenzeit den großen Topf zu drei Vierteln mit Wasser füllen, aufkochen und leicht **salzen.** Eine große Schüssel mit kaltem Wasser vorbereiten. • Die **Zwiebeln** in Scheiben schneiden und mit dem **Öl** in einer Pfanne auf mittlerer Temperatur 5–6 Minuten anbraten. Leicht mit **Salz** und **Pfeffer** würzen. • Den Teig erneut auf kleiner Stufe durchmengen und anschließend in drei Partien teilen. Eine Partie durch die Spätzlepresse ins kochende Wasser drücken. Die Spätzle aufwallen lassen, leicht umrühren. Mit einer Schaumkelle herausheben und ins kalte Wasser geben. Die nächsten Spätzle durchdrücken und genauso verfahren. • Die Spätzle auf ein Sieb abgießen, abtropfen lassen und mit etwas **Öl** vermengen. Die Masse auf die Auflaufformen verteilen. Zwiebeln und **Käse** darauf verteilen und 15 Minuten in den heißen Backofen stellen. • Kurz vor Ende der Backzeit die acht **Eier** in den zwei Pfannen in etwas **Butter** braten und anschließend auf die Spätzle geben.

Tipp Statt gemischter Kräuter kann man auch nur ein Kraut oder Rucola, Spinat oder Feldsalat verwenden.

Nährwerte pro Portion: 829 kcal – F 33 g, KH 82 g, B 6 g, EW 46 g

STAUB
STAUB

Vollkornspaghetti mit Oliven und gerösteten Erdnüssen

Zubereitungszeit 15 Minuten
Garzeit 18–20 Minuten
Für 4 Portionen

160 g Zwiebeln schälen
3 Knoblauchzehen schälen
2 rote Chilischoten entkernen
40 g Olivenöl
2 TL getrocknete italienische Kräuter
Meersalz, Pfeffer
100 g kleine grüne Oliven ohne Stein
200 g Cocktailtomaten halbieren
40 g kleine Kapern
1 Dose stückige Tomaten (400 g Einwaage)
750 g Gemüsebrühe
400 g Vollkornspaghetti

DAZU
40 g ungesalzene Erdnüsse
50 g geriebener Parmesan
Basilikumblätter für die Deko

AUSSERDEM
großer Topf mit Deckel
kleine Pfanne

vegetarisch, laktosefrei, frei von raffiniertem Zucker

Zwiebeln und **Knoblauchzehen** halbieren und in dünne Scheiben schneiden, die **Chili** in kleine Würfel schneiden. • Das **Olivenöl** mit Zwiebeln, Knoblauch und Chili in den großen Topf geben und auf mittlerer Temperatur 3–4 Minuten anschwitzen. • Die **getrockneten Kräuter** zugeben und gleich mit etwas **Meersalz** und **Pfeffer** würzen. Dann **Oliven, Cocktailtomaten, Kapern, Tomaten** und **Gemüsebrühe** zugeben und alles aufkochen. • Die **Nudeln** dazugeben und warten, bis alle gut verteilt in der Sauce schwimmen. Die Nudeln gut durchrühren und mit Deckel nach Packungsangabe kochen. • Zwischendurch durchrühren und nach der Garzeit weitere 2–3 Minuten im Topf ziehen lassen. Das ist wichtig, da die Spaghetti in Sauce eine längere Garzeit haben. • Die **Erdnüsse** ohne Fettzugabe in einer Pfanne gleichmäßig anrösten. Die Nudeln auf Tellern anrichten und mit Erdnüssen und **Parmesan** bestreuen. Mit **Basilikumblättern** garnieren.

Nährwerte pro Portion: 655 kcal – F 26 g, KH 80 g, B 11 g, EW 22 g

Kartoffelsalat mit Speck und gebratenen Champignons

Zubereitungszeit 20–25 Minuten
Garzeit 31–37 Minuten
Ruhezeit 1 Stunde
Für 4 Portionen

1,3 kg gleich große Drillinge
Salz
125 g Frühstücksbacon fein würfeln
20 g Sonnenblumenöl
125 g Zwiebeln schälen und fein würfeln
300 g Gemüsebrühe
75 g scharfer Senf
50 g weißer Balsamico-Essig Condimento
Pfeffer
20 g glatte Petersilie grob hacken

DAZU
12 schöne große Champignons (etwa 500–600 g)

AUSSERDEM
mittelgroßer Topf
mittelgroße Pfanne
4 Holzspieße
große Rechteckpfanne

laktosefrei, glutenfrei, frei von raffiniertem Zucker

Die **Kartoffeln** in **Salzwasser** aufkochen und 22–24 Minuten köcheln lassen. Abgießen, kurz ausdampfen, auf ein Blech geben, etwas abkühlen lassen und pellen. Die Kartoffeln anschließend in Scheiben schneiden und in eine große Schüssel geben. • Den **Frühstücksbacon** mit 1 TL **Öl** in der mittleren Pfanne auf hoher Hitze 3–4 Minuten anschwitzen, die **Zwiebeln** zugeben, gut vermengen und weitere 2–3 Minuten angehen lassen. Die **Brühe** dazugeben, aufkochen und den **Senf** einrühren. Zum Schluss den **Essig** zugeben und alles gut mit **Salz** und **Pfeffer** würzen. Den Sud über die Kartoffeln geben und vorsichtig vermengen. Die **Petersilie** zugeben und unter gelegentlichem vorsichtigem Vermengen 1 gute Stunde in der Küche ziehen lassen. • In der Zwischenzeit die **Champignons** putzen, den Stiel kürzen und jeweils drei Champignons aufspießen. Die Rechteckpfanne erhitzen, das restliche **Öl** zugeben und heiß werden lassen und die Champignons darin von beiden Seiten jeweils 2–3 Minuten braten. Danach erst mit **Salz** und **Pfeffer** würzen und ohne weitere Hitze ziehen lassen. Mit dem Kartoffelsalat anrichten.

Nährwerte pro Portion: 475 kcal – F 17 g, KH 57 g, B 10 g, EW 19 g

Brokkoliwaffeln mit Räucherlachscreme

Zubereitungszeit 20 Minuten
Garzeit pro Waffel 3–4 Minuten
Für 4 Portionen (8 Waffeln)

WAFFELN
500 g Brokkoli
150 g Cheddar
3 Eier (Größe M)
185 g Buttermilch
200 g Weizenmehl (Type 550)
5 g Salz
5 g Backpulver
1–2 Prisen Chiliflocken
Pfeffer
15 g Olivenöl plus etwas mehr zum Verarbeiten
125 g rote Zwiebeln würfeln

RÄUCHERLACHSCREME
150 g Räucherlachs
50 g bayrischer süßer Senf
200 g Schmand
15 g Dill (frisch oder TK)
Salz, Pfeffer

AUSSERDEM
Foodprozessor
Küchenmaschine mit Schneebesen
belgisches Waffeleisen
Öl zum Einstreichen

Die Röschen vom **Brokkoli** abschneiden. Den Strunk schälen und mit dem **Cheddar** in grobe Stücke schneiden. Alles in zwei bis drei Partien im Foodprozessor bröselig zerkleinern. • **Eier** in der Küchenmaschine anschlagen, **Buttermilch** einlaufen lassen und 2 Minuten vermengen. Das **Mehl** mit **Salz, Backpulver, Chiliflocken** und etwas **Pfeffer** vermengen und in die Eiermasse rühren. Das **Olivenöl** einrühren. **Zwiebeln,** Brokkoli und Käse zugeben und vermengen. • Das Waffeleisen aufheizen, mit etwas **Öl** einstreichen und die Waffeln je 3–4 Minuten knusprig backen. Auf einem Kuchengitter abkühlen lassen oder im Ofen bei 60 °C warm halten. • Für die Räucherlachscreme die **Zutaten** im Foodprozessor cremig mixen und mit **Salz** und **Pfeffer** abschmecken.

Nährwerte pro Portion: 761 kcal – F 41 g, KH 48 g, B 7 g, EW 36 g

Zudeln – Zucchininudeln mit Chorizo

Zubereitungszeit 15 Minuten
Garzeit 11–12 Minuten
Für 4 Portionen

1,2 kg feste Zucchini (grün und gelb; falls vorhanden)
50 g Olivenöl
Salz, Pfeffer
450 g Chorizo
250 g Zwiebeln schälen
2–3 Knoblauchzehen schälen
2–3 Zweige Rosmarin

AUSSERDEM
Backofen auf 220 °C Umluft vorheizen
Spiralschneider
Backblech mit Backpapier auslegen
mittlere Pfanne

glutenfrei, laktosefrei*, frei von raffiniertem Zucker

* sofern die Chorizo laktosefrei ist

Die Enden der **Zucchini** abschneiden. Die Zucchini in jeweils vier Stücke schneiden und mit dem Spiralschneider zu Spaghetti verarbeiten. Die Zudeln auf dem Backblech verteilen, 40 g **Olivenöl** darübergeben und im heißen Ofen 8–9 Minuten garen. Erst vor dem Anrichten leicht mit **Salz** und **Pfeffer** würzen. • In der Zwischenzeit die **Chorizo** pellen und in gleichmäßige Stücke schneiden. • Die **Zwiebeln** in Spalten, die **Knoblauchzehen** in dünne Scheiben schneiden. Den **Rosmarin** in Stücke schneiden und die Pfanne mit dem restlichen **Öl** bei mittlerer Temperatur erhitzen. Chorizostücke darin 3 Minuten anbraten. Zwiebeln mit Knoblauch und Rosmarin dazugeben und weitere 4–5 Minuten bei mittlerer Temperatur braten. • Die Zudeln mit der Chorizo anrichten.

Tipps Man kann die Zudeln auch in einer großen Pfanne oder einem Wok zubereiten. Wichtig dabei ist, sie erst vor dem Anrichten zu salzen, sonst geben sie zu viel Wasser ab. – Statt Chorizo ist auch Salsiccia eine sehr gute Wahl.

Nährwerte pro Portion: 629 kcal – F 50 g, KH 12 g, B 5 g, EW 31 g

Gemüsecurry mit Kichererbsen und Reis

Zubereitungszeit 20 Minuten
Garzeit 12 Minuten
Ruhezeit 15 Minuten
Für 4 Portionen

REIS
300 g Basmatireis
Salz

CURRY
120 g Zwiebeln schälen
3 Knoblauchzehen schälen
50 g Ingwer schälen
1 rote Chilischote entkernen
2 rote Paprika
1 gelbe Paprika
200 g grüne Bohnen
40 g Olivenöl
20 g Currypulver
1 Msp. Cumin
200 g Gemüsebrühe
500 g Kokosmilch
1 Dose Kichererbsen (265 g Einwaage)
Salz, Pfeffer

DAZU
Koriander oder andere Kräuter zum Dekorieren

AUSSERDEM
mittelgroßer Topf mit Deckel
Wok oder großer Topf mit Deckel

vegan, glutenfrei, laktosefrei, frei von raffiniertem Zucker

Den **Reis** dreimal im stehenden Wasser waschen, abgießen, dann mit 320 g Wasser und etwas **Salz** in den mittelgroßen Topf geben und mit Deckel auf kleiner Temperatur aufkochen. Nur 5 Minuten ganz leicht köcheln lassen, dabei einmal umrühren. Anschließend 15 Minuten quellen lassen. • Für das Curry die **Zwiebeln** in Würfel schneiden, die **Knoblauchzehen** hacken, **Ingwer** und **Chili** fein würfeln. • Die **Paprika** vierteln, entkernen und in Stücke schneiden. Die **Bohnen** in etwa 2 cm lange Stücke schneiden. • Das **Olivenöl** im Wok erhitzen, Zwiebeln, Knoblauch, Ingwer und Chili darin bei mittlerer bis hoher Temperatur 2 Minuten anschwitzen. • **Currypulver** und **Cumin** zugeben und vermengen. Das Gemüse zugeben und mit **Gemüsebrühe** und **Kokosmilch** angießen. Aufkochen, die **Kichererbsen** zugeben und alles 5 Minuten auf mittlerer Temperatur köcheln lassen. Mit **Salz** und **Pfeffer** abschmecken. Mit **Koriander** garnieren und servieren.

Nährwerte pro Portion: 808 kcal – F 41 g, KH 88 g, B 15 g, EW 18 g

Spaghetti in Kürbissauce mit Serranoschinken und Parmesan

Zubereitungszeit 15 Minuten
Ruhezeit 10 Minuten
Garzeit 22–25 Minuten
Für 4 Portionen

600 g Hokkaido-Kürbis entkernen
80 g Zwiebel schälen
2 Knoblauchzehen schälen
20 g Ingwer schälen
35 g Olivenöl
2 TL Currypulver
2 Prisen Chiliflocken
Salz
50 g Apfelsaft
100 g Gemüsebrühe
250 g Kokosmilch
20 g Ahornsirup

DAZU
1 Pck. Spaghetti (500 g)
50 g Parmesanspäne
8 Scheiben Serranoschinken (120 g)
Basilikumblätter und Radicchio für die Deko

AUSSERDEM
1 großer und 1 mittelgroßer Topf
Standmixer/Blender (alternativ Stabmixer)
große Pfanne

laktosefrei, frei von raffiniertem Zucker*

* sofern der Apfelsaft keinen enthält

Den **Kürbis** in Stücke, **Zwiebel, Knoblauchzehen** und **Ingwer** in Scheiben schneiden. 25 g **Öl** in dem mittelgroßen Topf erhitzen, Zwiebeln, Knoblauch und Ingwer darin anschwitzen. Den Kürbis zugeben, kurz angehen lassen, **Currypulver** und **Chiliflocken** zugeben und verrühren. **Salzen.** Mit **Apfelsaft** ablöschen und mit **Brühe, Kokosmilch** und **Ahornsirup** auffüllen. Aufkochen und 15 Minuten auf mittlerer Temperatur weich kochen. Die Sauce 10 Minuten ruhen lassen und dann im Standmixer sämig pürieren und eventuell nachwürzen. Die Sauce in die Pfanne geben und auf kleiner Hitze leicht köcheln lassen. • Die **Nudeln** in kochendem **Salzwasser** mit dem restlichen **Olivenöl** nach Packungsangabe nicht zu weich kochen und vor dem Abgießen etwa 200 g Kochflüssigkeit auffangen. Die Nudeln in ein Sieb abschütten und dann in die Pfanne geben. Alles gut miteinander vermengen, die Sauce eventuell mit etwas Kochflüssigkeit verdünnen. Die Kürbisspaghetti mit **Parmesan** und **Schinken** anrichten, mit **Basilikumblättern** und **Radicchio** dekorieren und servieren.

Tipp Das Olivenöl im Kochwasser legt sich wie ein Schutzmantel um die Nudeln, so saugen sie sich in cremigen Saucen nicht zu voll und werden bekömmlicher.

Nährwerte pro Portion: 883 kcal – F 32 g, KH 116 g, B 10 g, EW 36 g

LEICHT

Ziegenkäse im Zucchinimantel mit Tomatendressing

Zubereitungszeit 20 Minuten
Ruhezeit 15 Minuten
Garzeit 4–6 Minuten
Für 4 Portionen

2–3 Zucchini (850–900 g)
Salz
2 Ziegenkäserollen (à 200 g)

DRESSING
150 g Tomate
1 kleine Knoblauchzehe schälen
30 g Honigsenf
5 g weißer Balsamico-Essig Condimento
1 Prise Chiliflocken
Salz, Pfeffer
50 g Olivenöl
4–6 Rispentomaten (etwa 800 g)
Basilikumblätter für die Deko

AUSSERDEM
Allesschneider oder Mandoline
Stabmixer mit hohem Mixbecher
2 große Pfannen

vegetarisch, laktosefrei, glutenfrei, frei von raffiniertem Zucker

Die **Zucchini** der Länge nach in etwa 3 mm dicke Scheiben schneiden, man benötigt 24 Scheiben. Leicht **salzen** und auf einem Blech 15 Minuten ruhen lassen. Man kann die Scheiben auch übereinanderlegen. Danach auf ein Küchentuch legen, mit einem weiteren Tuch abdecken und trocken tupfen/drücken. Den **Ziegenkäse** in jeweils sechs Stücke schneiden. Je eine Zucchinischeibe quer über eine zweite zum Kreuz legen. Den Ziegenkäse mittig daraufsetzen. Das untere Zucchinistück als Erstes über den Ziegenkäse legen, dann die anderen Seiten darüber zum Päckchen falten. Die zwölf Päckchen zurück auf das Küchentuch legen. Mit Küchenpapier abdecken und eventuell noch etwas trocken tupfen. Kurz stehen lassen. • Für das Dressing die **Tomate** in Stücke schneiden, die **Knoblauchzehe** hacken, beides in den Mixbecher geben und mit dem Stabmixer durchmixen. **Senf, Essig** und **Chiliflocken** zugeben, mit **Salz** und **Pfeffer** würzen und cremig mixen. Dann 30 g **Öl** einmixen. • Die **Rispentomaten** für den Salat in Scheiben schneiden und am besten gleich auf Tellern anrichten, leicht **salzen** und **pfeffern.** • Die Pfannen mit jeweils 10 g **Olivenöl** auf mittlerer Temperatur erhitzen und die Zucchinipäckchen mit der Nahtseite nach unten in die Pfanne setzen. 2–3 Minuten braten, dann mit einer Winkelpalette oder zwei Löffeln vorsichtig wenden und weitere 2–3 Minuten braten. • Das Dressing auf die Tomaten verteilen, die Zucchinipäckchen daraufgeben und mit **Basilikumblättern** dekorieren.

Nährwerte pro Portion: 526 kcal – F 39 g, KH 17 g, B 3 g, EW 26 g

Minestrone

Zubereitungszeit 30 Minuten
Garzeit etwa 12 Minuten
Für 4–6 Portionen

250 g Zwiebeln schälen
3 Knoblauchzehen schälen
50 g Olivenöl
50 g Tomatenmark
1 EL getrocknete italienische Kräuter
1,4 l Gemüsebrühe
1 Dose stückige Tomaten (400 g Einwaage)
Salz, Pfeffer
30–40 g Parmesanrinde (falls vorhanden)
250 g Karotten schälen
250 g Pastinake schälen
250 g grüne Bohnen putzen
1 Glas weiße Bohnen (720 g Einwaage)
etwas Basilikum für die Deko

DAZU
100 g Pasta (z. B. Castellane, Makkaroni oder Orecchiette)

AUSSERDEM
großer Topf

vegetarisch, laktosefrei, frei von raffiniertem Zucker

Zwiebeln würfeln, **Knoblauchzehen** hacken und mit dem **Olivenöl** in den Topf geben. Auf mittlerer Temperatur 2–3 Minuten anschwitzen. Das **Tomatenmark** und die **getrockneten Kräuter** zugeben und kurz angehen lassen. Mit **Brühe** und **Tomatenstücken** auffüllen, aufkochen und mit **Salz** und **Pfeffer** würzen. Die **Parmesanrinde** zugeben und 2–3 Minuten köcheln lassen. • In der Zwischenzeit die **Nudeln** in **Salzwasser** al dente kochen, abgießen, kalt abbrausen und auf einem Sieb abtropfen lassen. • **Karotten** und **Pastinake** in Scheiben, **grüne Bohnen** in Stücke schneiden und alles in die Suppe geben. Aufkochen und 5 Minuten köcheln lassen. Die **weißen Bohnen** auf ein Sieb abgießen, mit kaltem Wasser abbrausen, abtropfen lassen und mit den Nudeln in die Suppe geben. Aufkochen und mit **Salz** und **Pfeffer** abschmecken. • Die Parmesanrinde entfernen und die Suppe mit etwas **Basilikum** anrichten.

Tipp Die Rinde vom Parmesan kann man sehr gut zum Parfümieren von Suppen benutzen. Dafür die Rinde in einer gut verschließbaren Dose im Gefrierschrank aufbewahren. So setzt sie keinen Schimmel an.

Nährwerte pro Portion: 470 kcal – F 16 g, KH 55 g, B 20 g, EW 21 g

Karottenschnitzel mit Harissa-Hummus

Zubereitungszeit 20–25 Minuten
Garzeit 10–12 Minuten
Für 4 Portionen

12 schöne Bundkarotten
20 g Olivenöl plus etwas zum Beträufeln
Salz, Pfeffer

HUMMUS
1 Dose Kichererbsen (310 g Einwaage)
100 g Tahinpaste
70 g Zitronensaft
15–25 g Ahornsirup
2 kleine Knoblauchzehen schälen
20 g Harissapaste
1 Msp. Cumin
Meersalz
Sesam zum Bestreuen

PANADE
75 g Weizenmehl (Type 550)
3 Eier (Größe M) mit 2 EL Wasser verquirlen
180 g Tortilla-Chips
100 g Paniermehl
70–80 g Sonnenblumenöl

DAZU
1 Galia-Melone

AUSSERDEM
Rechteckpfanne mit Deckel
Standmixer/Blender
3 Panierschalen
Foodprozessor

vegetarisch, laktosefrei

Die **Karotten** putzen, schälen und der Länge nach halbieren. Mit 150 g Wasser, **Olivenöl, Salz** und **Pfeffer** in die Pfanne geben. Mit Deckel aufkochen und 5–6 Minuten auf mittlerer Temperatur köcheln lassen. • In der Zwischenzeit für den Hummus die **Kichererbsen** in ein Sieb geben und mit kaltem Wasser abbrausen, abtropfen lassen und mit den restlichen **Zutaten** in den Standmixer geben. Die Masse auf kleiner Stufe 2–3 Minuten durchlaufen lassen, anschließend auf mittlerer Stufe 30 Sekunden weitermixen. Den Hummus abfüllen, mit etwas **Olivenöl** beträufeln und mit **Sesam** bestreuen. • Das **Mehl** in eine Panierschale geben, die verquirlten **Eier** in die zweite geben. Die **Tortillas** im Foodprozessor zerkleinern, mit dem **Paniermehl** vermischen und in die dritte Panierschale geben. Die Karotten auf Küchenpapier etwas abtropfen, in Mehl wälzen, durchs Ei ziehen, dann panieren. Im tiefen heißen **Sonnenblumenöl** 5–6 Minuten knusprig braten. • Die **Melone** aufschneiden und entkernen, mit den Karotten und dem Hummus servieren.

Nährwerte pro Portion: 423 kcal – F 16 g, KH 53 g, B 11 g, EW 11 g

Puten-Popcorn mit Karotten und Curry-Cashewsauce

Zubereitungszeit 30–35 Minuten
Garzeit etwa 15 Minuten
Ruhezeit 5 Minuten
Für 4 Portionen

400 g Putenschnitzel
Salz, Pfeffer
240 g Sonnenblumenöl plus etwas mehr zum Braten

PANADE
80–90 g Paniermehl
20 g ungeschälter Sesam
50 g Weizenmehl (Type 550)
2 Eier (Größe M) gut verquirlen

KAROTTEN
1 kg Karotten schälen
25 g Olivenöl
110 g Mineralwasser mit Kohlensäure
Salz, Pfeffer

DAZU
2 grüne Paprika (etwa 400 g)

CURRYSAUCE
1 kleine Knoblauchzehe
25 g Schalotte oder Zwiebel
75 g Cashewkerne
30 g Zitronensaft
20 g Ahornsirup oder Honig
6 g Salz
6 g Currypulver

AUSSERDEM
2 kleine Backbleche, eines mit Backpapier und eines mit Küchenpapier auslegen
mittelgroßer Topf mit Deckel
mittelgroße Pfanne
Standmixer/Blender
Rechteckpfanne

laktosefrei, frei von raffiniertem Zucker

Die **Putenschnitzel** der Länge nach erst in etwa 1 cm breite Streifen und dann in etwa 1 cm große Stücke schneiden. Mit **Salz** und **Pfeffer** würzen. Für die Panade das **Paniermehl** mit dem **Sesam** vermischen. Die Putenstücke in kleinen Mengen im **Mehl** wenden, durchs verquirlte **Ei** ziehen und im Sesam-Paniermehl wälzen. Die Stücke auf das vorbereitete Backblech mit Backpapier geben und mindestens 5 Minuten stehen lassen. • Die **Karotten** in schräge Scheiben schneiden. Mit **Olivenöl** und **Mineralwasser** in den Topf geben und mit **Salz** und **Pfeffer** würzen. Mit Deckel aufkochen und auf kleiner bis mittlerer Temperatur 6 Minuten köcheln lassen. Danach ohne weitere Hitze ziehen lassen. • Die **Paprika** vierteln, entkernen und in der mittelgroßen Pfanne mit 1 EL **Sonnenblumenöl** auf kleiner Hitze 4–5 Minuten braten. Ohne weitere Hitze ziehen lassen. • Für die Sauce alle **Zutaten** mit 60 g **Sonnenblumenöl** und 100 g Wasser in den Standmixer geben, anmixen und auf höchster Stufe 3–4 Minuten durchlaufen lassen. • Die Rechteckpfanne mit 180 g **Sonnenblumenöl** auf voller Hitze heiß werden lassen. Mit einem Holzkochlöffel die Temperatur testen: Steigen Bläschen am Stiel auf, ist sie richtig. Die Putenstücke zugeben und 3–4 Minuten knusprig backen. Anschließend auf dem Backblech mit Küchenpapier abtropfen lassen. Das Öl später filtern. • Mit den anderen Zutaten anrichten und genießen. Die Sauce hält sich im Kühlschrank mehrere Tage und ist auch ideal als Salatdressing geeignet.

Tipp Damit das Puten-Popcorn richtig schön knusprig wird, wird viel Öl benötigt. Um das überbleibende Öl nicht zu entsorgen, sondern weiterzuverwenden, kann man es durch ein feinmaschiges Sieb mit Küchenpapier filtern und für weitere Bratvorgänge benutzen.

Nährwerte pro Portion: 588 kcal – F 25 g, KH 49 g, B 14 g, EW 36 g

Rote-Bete-Spaghetti mit Lachs und Rucola

Zubereitungszeit 10 Minuten
Garzeit 15–16 Minuten
Für 4 Portionen

Salz
400 g Spaghetti
200 g Rote-Bete-Saft
30 g Butter
20 g weißer Balsamico-Essig Condimento
Pfeffer

DAZU
50 g Rucola
1 TL Olivenöl
4 Stücke Lachs (à 100 g; ohne Haut und Gräten)

AUSSERDEM
großer Topf
kleiner Topf
mittelgroße Pfanne

frei von raffiniertem Zucker

Den großen Topf zu drei Vierteln mit Wasser füllen, aufkochen, **salzen** und die **Spaghetti** nach Packungsangabe garen. • In der Zwischenzeit den **Rote-Bete-Saft** mit **Butter** und **Essig** aufkochen, mit **Salz** und **Pfeffer** würzen und 2–3 Minuten köcheln lassen. Den **Rucola** grob schneiden und zur Seite stellen. • Die Pfanne mit **Olivenöl** auf mittlerer Temperatur erhitzen, den **Lachs** leicht **salzen** und **pfeffern** und von jeder Seite je gut 1 Minute braten, dann ohne weitere Hitze in der Pfanne ziehen lassen. • Die Nudeln in ein Sieb abgießen und gut durchschütteln. Den Rote-Bete-Saft in den großen Topf geben, aufkochen, Spaghetti zugeben, alles miteinander vermengen und den Rucola unterziehen. Dann mit Lachs (im Ganzen oder leicht gezupft) anrichten.

Nährwerte pro Portion: 620 kcal – F 22 g, KH 75 g, B 4 g, EW 33 g

Pizzarolle mit Tomatensalat

Zubereitungszeit 10–13 Minuten
Backzeit 20–22 Minuten
Ruhezeit 10 Minuten
Für 4 Portionen

1 Pck. Pizzateig aus dem Kühlregal (400 g, 36 × 24 cm)

BELAG
100 g Tomatenmark
75 g Olivenöl plus etwas zum Beträufeln
2 TL getrocknete italienische Kräuter
10 g Ahornsirup oder Honig
Salz, Pfeffer
100 g dünne Salamischeiben
2 Mozzarella (à 125 g) auf Küchenpapier abtropfen lassen

SALAT
etwa 800 g Tomaten
2–3 Knoblauchzehen schälen
Basilikumblätter für die Deko

AUSSERDEM
Backofen auf 200 °C Umluft vorheizen
Backblech mit Backpapier auslegen

laktosefrei*, frei von raffiniertem Zucker

* sofern die Salami laktosefrei ist

Den **Pizzateig** entrollen, das Backpapier darauflegen und den Teig umdrehen, sodass er jetzt auf dem Backpapier liegt. Das weiße andere Papier entfernen. • **Tomatenmark** mit 15 g **Olivenöl,** 1 TL **Kräutern** und **Ahornsirup** verrühren, mit **Salz** und **Pfeffer** würzen. Die Masse auf dem Pizzateig gleichmäßig verstreichen und mit den **Salamischeiben** belegen. Den **Mozzarella** in jeweils fünf bis sechs Scheiben schneiden und auf dem Teig verteilen. Den Teig eng aufrollen und mittig auf das Backpapier legen. Mit etwas **Olivenöl** einreiben, mit den restlichen **Kräutern** bestreuen und im heißen Ofen 20–22 Minuten backen. • In der Zwischenzeit für den Salat die **Tomaten** in Scheiben schneiden. Den **Knoblauch** in eine Schüssel pressen, das restliche **Olivenöl** zugeben, mit **Salz** und **Pfeffer** würzen und gut verrühren. Die Tomatenscheiben zugeben, vorsichtig vermengen und ziehen lassen. Nicht in den Kühlschrank stellen. • Die Pizzarolle nach dem Backen 10 Minuten auf dem Backblech ruhen lassen und erst dann in Stücke schneiden. Vor dem Servieren mit **Basilikumblättern** dekorieren.

Tipps Keinen Büffelmozzarella verwenden, der läuft zu stark aus. – Falls die Tomaten im Kühlschrank gelagert werden, sollte man sie 15–20 Minuten vor dem Verzehr herausnehmen, damit sie Raumtemperatur annehmen.

Nährwerte pro Portion: 771 kcal – F 44 g, KH 50 g, B 3 g, EW 26 g

Kürbisrösti mit Fetacreme

Zubereitungszeit 30–35 Minuten
Ruhezeit 10 Minuten
Garzeit etwa 15 Minuten
Für 4 Portionen

RÖSTI
800 g Hokkaidokürbis ohne Kerne
200 g geschälte festkochende Kartoffeln
Salz
100 g Dinkelmehl (Type 630)
50 g Kartoffelstärke
je 1 Msp. Ingwerpulver, Piment und Cumin
2 Prisen Chiliflocken
Meersalz, Pfeffer
45–50 g Olivenöl plus etwas zum Beträufeln

CREME
250 g Quark
200 g Fetakäse
25 g TK-Kräuter

DAZU
100 g knackiger Salat nach Geschmack
weißer Balsamico-Essig Condimento

AUSSERDEM
Foodprozessor
Stabmixer mit hohem Mixbecher
Küchenmaschine mit Flachrührer
beschichtete Pfanne (Ø 25 cm)
großer Topfdeckel (Ø 30 cm), mit Öl einstreichen

vegetarisch, frei von raffiniertem Zucker

Kürbis und **Kartoffeln** in kleine Stücke schneiden und in drei bis vier Partien im Foodprozessor krümelig mixen, in eine große Schüssel geben, leicht **salzen** und 10 Minuten ruhen lassen. • In der Zwischenzeit für die Creme den **Quark** in den Mixbecher geben, den **Fetakäse** hineinbröseln, **TK-Kräuter** und 15 g **Olivenöl** zugeben und mit dem Stabmixer gut durchmixen. Mit **Salz** und **Pfeffer** würzen, umfüllen und kalt stellen. • Die Kürbis-Kartoffel-Masse mittig auf ein dünnes Küchentuch geben, fest eindrehen und gut ausdrücken. Dann mit **Mehl, Kartoffelstärke** und **Gewürzen** in die Rührschüssel der Küchenmaschine geben, mit **Meersalz** und **Pfeffer** würzen. Die Masse mit dem Flachrührer auf Stufe 2 kurz vermengen, bis sich alle Bestandteile gut miteinander verbunden haben. • Die Pfanne mit 1–2 EL **Olivenöl** auf hoher Temperatur erhitzen. Die Kürbismasse in der heißen Pfanne verteilen, gut andrücken und vor allem den Rand festdrücken. Auf mittlerer Temperatur 4–5 Minuten braten. Etwas **Olivenöl** am Rand nachgeben. • Mithilfe des **eingeölten** Topfdeckels die Rösti wenden, erneut 1 EL **Olivenöl** in die Pfanne geben, die Rösti wieder mit der ungebackenen Seite hineingleiten lassen, den Rand andrücken und formen und wieder 4–5 Minuten backen. **Olivenöl** am Rand zugeben, die Rösti erneut auf dem Deckel wenden und auf kleiner Hitze 3–4 Minuten durchgaren. Danach in der Pfanne 3–4 Minuten ruhen lassen. Auf einem Servierteller anrichten. • Den **Salat** mit **Essig** und **Öl** beträufeln und mit Fetacreme zur Rösti servieren.

Nährwerte pro Portion: 581 kcal – F 33 g, KH 51 g, B 10 g, EW 25 g

Kohlrabischnitzel Milanese mit knackigem Salat und Parmesan

Zubereitungszeit 25 Minuten
Ruhezeit 5 Minuten
Garzeit 10–12 Minuten
Für 4 Portionen

SCHNITZEL
2 Kohlrabis (insgesamt etwa 900–1.000 g) schälen
Salz
70 g Weizenmehl (Type 550)
3 Eier (Größe M)
50 g geriebener Parmesan
130 g feines Paniermehl
200 g Sonnenblumenöl

SALAT
500 g Tomaten
40 g Schalotten schälen
Salz, Pfeffer
20 g Olivenöl
150–200 g Römersalat

DAZU
Parmesanspäne und Petersilie zum Bestreuen

AUSSERDEM
großer Kochtopf
kleines Backblech mit Küchenpapier auslegen
Rechteckpfanne

vegetarisch, laktosefrei, frei von raffiniertem Zucker

Kohlrabis in dünne Scheiben schneiden und in kochendem **Salzwasser** 1–2 Minuten garen. Herausnehmen, abtropfen lassen und auf dem vorbereiteten Backblech 5 Minuten nachziehen lassen. • In der Zwischenzeit für den Salat die **Tomaten** in Spalten schneiden und in eine Schüssel geben. Die **Schalotten** fein würfeln, zugeben und mit **Salz** und **Pfeffer** würzen. Das **Olivenöl** zugeben, vermengen und ruhen lassen. Den **Römersalat** putzen, waschen, in einem Sieb abtropfen lassen und zur Seite stellen. • Das **Mehl** in eine Schale geben. Die **Eier** mit dem **Parmesan** verquirlen und in eine weitere Schale füllen. Das **Paniermehl** in eine dritte Schale geben. • Die Kohlrabischeiben erst in Mehl wälzen, dann durch das Ei ziehen und im Paniermehl wenden. Die Pfanne mit dem **Öl** auf voller Temperatur erhitzen und die panierten Scheiben in zwei bis drei Partien jeweils gut 2–3 Minuten knusprig braten. Dabei immer die Temperatur im Auge haben: Das Öl darf nicht zu kalt sein, sonst zieht die Panade zu viel Fett. • Die Kohlrabischnitzel mit dem Salat anrichten, mit **Parmesan** und **Petersilie** bestreuen.

Nährwerte pro Portion: 533 kcal – F 24 g, KH 49 g, B 7 g, EW 20 g

Auberginenröllchen mit Cashewfüllung und Salat

Zubereitungszeit 20 Minuten
Einweichzeit 2 Stunden
Garzeit 6–7 Minuten
Für 4 Portionen

2 Auberginen
(insgesamt etwa 500 g)
Salz
100 g Olivenöl
60 g Tomatenmark
5 g edelsüßes Paprikapulver
30 g Zitronensaft
½ TL getrockneter Majoran
1 Prise Chiliflocken
Pfeffer
300 g Cashewkerne 2 Stunden in kaltem Wasser einweichen
30 g Sonnenblumenkerne

DAZU
gemischter Salat
Balsamico-Essig
Joghurt
getoastetes Brot

AUSSERDEM
Allesschneider oder Mandoline
Backblech
Küchenmaschine mit Flachrührer
Foodprozessor
Schaschlikspieße
große Rechteckpfanne

vegetarisch, frei von raffiniertem Zucker

Die **Auberginen** längs auf dem Allesschneider in 4 mm dünne Scheiben schneiden, leicht **salzen** und auf dem Backblech 15–30 Minuten ziehen lassen. Anschließend zwischen doppelt gelegtem Küchenpapier trocken tupfen. • 80 g **Olivenöl** mit **Tomatenmark, Paprikapulver, Zitronensaft, Majoran** und **Chiliflocken** in die Rührschüssel der Küchenmaschine geben, mit dem Flachrührer glatt rühren und mit **Salz** und **Pfeffer** würzen. • Die **Cashewkerne** in ein Sieb geben, kalt abbrausen und kurz abtropfen lassen. Dann in zwei bis drei Partien mit den **Sonnenblumenkernen** im Foodprozessor feinbröselig zerkleinern. In die Rührschüssel zur Tomatenpaste geben und alles gut miteinander vermengen. • Die Auberginenscheiben mit der Masse einstreichen und aufrollen. Auf Spieße ziehen und in der heißen Pfanne in etwa 15 g **Olivenöl** ringsum auf mittlerer Temperatur insgesamt 6–7 Minuten braten. • Den **Salat** mit etwas **Essig** und **Öl** anmachen, mit **Salz** und **Pfeffer** abschmecken. Die Röllchen und den Salat mit etwas **Joghurt** und **Brot** servieren.

Tipp Anstelle der Auberginen kann man sehr gut Zucchini verwenden. Die sollten allerdings schön knackig frisch sein. Ansonsten genau so verfahren.

Nährwerte pro Portion: 758 kcal – F 57 g, KH 41 g, B 8 g, EW 18 g

Zucchinisticks mit Linsengemüse

Zubereitungszeit 20 Minuten
Marinierzeit 15 Minuten
Garzeit 27–29 Minuten
Für 4 Portionen

LINSEN
280 g Belugalinsen
100 g Zwiebeln schälen
2 Knoblauchzehen schälen
200 g Karotten schälen
150 g Staudensellerie
40 g Olivenöl
500 g Gemüsebrühe
2–3 Lorbeerblätter

ZUCCHINISTICKS
800–850 g Zucchini
Salz
90 g Kichererbsenmehl
10 g Currypulver
15 g ungeschälter Sesam
1 Ei (Größe M) mit
1–2 EL Milch verquirlen
150–200 g Sonnenblumenöl

DAZU
100 g Naturjoghurt

AUSSERDEM
Foodprozessor
mittelgroßer Topf
1 kleines Backblech
Rechteckpfanne
1 zweites kleines Backblech mit
Küchenpapier auslegen

vegetarisch, glutenfrei, frei von raffiniertem Zucker

Die **Linsen** in eine Schüssel geben, mit kaltem Wasser angießen und stehen lassen. • **Zwiebeln** grob würfeln und mit den **Knoblauchzehen** im Foodprozessor hacken, dann in eine Schüssel geben. **Karotten** und **Sellerie** ebenfalls grob würfeln und im Foodprozessor in zwei bis drei Partien zu Bröseln zerkleinern. • Die Linsen in ein Sieb abgießen. 30 g **Olivenöl** im Topf erhitzen und die Zwiebel-Knoblauch-Mischung mit dem Gemüse auf mittlerer Temperatur 2 Minuten anschwitzen. Die Linsen zugeben und mit **Brühe** angießen. Die **Lorbeerblätter** zugeben, aufkochen und mit Deckel auf kleiner Hitze 25 Minuten leicht köcheln lassen. Zwischendurch umrühren. • In der Zwischenzeit die **Zucchini** in Spalten schneiden, **salzen,** auf ein Backblech geben und 15 Minuten ziehen lassen. • Das **Kichererbsenmehl** mit **Currypulver** und **Sesam** vermengen und in eine flache Schüssel geben. Die **Eiermilch** in einen tiefen Teller geben. • Die Zucchinisticks mit Küchenpapier trocken tupfen, erst durch das Ei ziehen und dann im Kichererbsenmehl wälzen. Auf ein Backblech geben. • Die Pfanne mit dem **Sonnenblumenöl** auf mittlerer Temperatur erhitzen und die Zucchinisticks in zwei Partien im heißen Öl jeweils 3–4 Minuten braten. Anschließend auf dem Backblech mit Küchenpapier abtropfen lassen. • Die Linsen mit den Zucchinisticks anrichten und **Joghurt** mit dem restlichen **Olivenöl** dazu reichen.

Nährwerte pro Portion: 621 kcal – F 27 g, KH 51 g, B 22 g, EW 30 g

Spinat mit Ofentomaten und Pizzabrot

Zubereitungszeit 20 Minuten
Back- und Garzeit 47–50 Minuten
Für 4 Portionen

PIZZABROT
1 Pck. Pizzateig aus dem Kühlregal (etwa 400 g)
200 g Doppelrahmfrischkäse
70 g Sonnenblumenkerne
15 g TK-Kräuter

TOMATEN
600 g Cocktailtomaten
2 EL brauner Zucker
Salz, Pfeffer
2 EL getrocknete italienische Kräuter

SPINAT
40 g Butter
Salz, Pfeffer
30 g Sonnenblumenkerne
500 g frischer küchenfertiger Babyspinat

DAZU
25 g geriebener Parmesan

AUSSERDEM
Backofen auf 200 °C Umluft vorheizen
2 Backbleche mit Backpapier auslegen
großer Topf mit Deckel

vegetarisch

Den **Pizzateig** entrollen und gleichmäßig mit **Frischkäse** einstreichen, mit 50 g **Sonnenblumenkernen** und den **TK-Kräutern** bestreuen. Von der langen Seite her eng aufrollen und in zwölf gleichmäßige Stücke schneiden. Die Stücke mit der Schnittseite auf das Backblech setzen. Mit 20 g **Sonnenblumenkernen** bestreuen und im heißen Ofen 15–18 Minuten backen. • In der Zwischenzeit die **Tomaten** halbieren und mit der Schnittseite nach oben auf das zweite Backblech legen. Leicht mit **braunem Zucker,** etwas **Salz** und **Pfeffer** bestreuen und die **getrockneten Kräuter** gleichmäßig darauf verteilen. Wenn die Pizzabrote fertig sind, das Backblech mit den Tomaten in den heißen Ofen stellen, die Temperatur auf 130 °C Ober-/Unterhitze umschalten und die Tomaten 30 Minuten im Ofen rösten. • Für den Spinat die **Butter** im Topf auf voller Temperatur erhitzen, mit **Salz** und **Pfeffer** würzen, **Sonnenblumenkerne** zugeben und verrühren. Den **Spinat** zugeben und gleich den Deckel auflegen. Nach 1 Minute den Spinat im Topf wenden und 1 weitere Minute mit Deckel garen. Den Spinat auf ein Sieb geben und abtropfen lassen. • Den Spinat mit Tomaten und etwas **Parmesan** anrichten und das Pizzabrot dazu reichen.

Nährwerte pro Portion: 687 kcal – F 33 g, KH 57 g, B 6 g, EW 22 g

Bunter Salat mit Hähnchenbrust und Melone

Zubereitungszeit 15 Minuten
Ruhezeit 15 Minuten
Garzeit 8 Minuten
Für 4 Portionen

600 g Hähnchenbrust
Salz
15 g Sonnenblumenöl
150 g süßscharfe Chilisauce

DAZU
½ Cantaloupe-Melone ohne Kerne (etwa 500 g)
400 g Salatgurke
2 Stangen Frühlingslauch
8 Cocktailtomaten
gemischter Salat
weißer Balsamico-Essig Condimento
Olivenöl
Pfeffer

AUSSERDEM
große Pfanne mit Deckel

laktosefrei, glutenfrei

Die **Hähnchenbrüste** in haselnussgroße Stücke schneiden, **salzen** und 15 Minuten ruhen lassen. • In der Zwischenzeit die **Melonenhälfte** in acht Spalten schneiden und schälen. Die **Salatgurke** schälen, der Länge nach in Scheiben schneiden und würfeln. Den **Frühlingslauch** putzen und in Ringe schneiden. • Die **Tomaten** halbieren und den **Salat** putzen. • Die Pfanne auf voller Temperatur erhitzen, das **Sonnenblumenöl** zugeben und die Hähnchenbrust zugeben. Erst nach 1 guten Minute schwenken und insgesamt 3–4 Minuten braten. Die **Chilisauce** zugeben, aufkochen und ohne weitere Hitze mit Deckel 4 Minuten ruhen lassen. • Die Hähnchenbrust mit Melone, Gurkenwürfeln, Tomaten und Salat anrichten, mit **Essig** und **Olivenöl** parfümieren, **salzen** und **pfeffern** und den Frühlingslauch darauf verteilen.

Tipp Anstelle der Hähnchenbrust kann man Puten-, Kalb- oder Rindfleisch verwenden. Wenn man es vegetarisch möchte, sind auch Naturtofu oder Seitan geeignet.

Nährwerte pro Portion: 371 kcal – F 8 g, KH 37 g, B 3 g, EW 40 g

Risotto mit Herbstgemüse

Zubereitungszeit 28–30 Minuten
Garzeit 24–27 Minuten
Für 4 Portionen

RISOTTO
80 g Zwiebeln schälen
1 Knoblauchzehe schälen
55 g Olivenöl
180 g Risottoreis
80 g trockener Weißwein
750 g heiße Gemüsebrühe
Meersalz, Pfeffer
20 g kalte Butter in Stücke schneiden
50 g geriebener Parmesan

GEMÜSE
500 g kleine Bundkarotten (12 Stück)
25 g Butter
120 g Mineralwasser mit Kohlensäure
Salz, Pfeffer
300 g Austernpilze
2 Chicorée

AUSSERDEM
mittelgroßer Topf
Rechteckpfanne mit Deckel
große Pfanne

vegetarisch, glutenfrei, frei von raffiniertem Zucker

Für den Risotto die **Zwiebeln** fein würfeln und die **Knoblauchzehe** hacken. 25 g **Olivenöl** im Topf erhitzen und die Zwiebelmischung darin bei mittlerer Temperatur 2 Minuten anschwitzen. Den **Reis** zugeben, vermengen und kurz angehen lassen. Mit **Weißwein** ablöschen und die Mischung so lange köcheln lassen, bis die Flüssigkeit aufgesogen ist. Dann die gesamte heiße **Brühe** angießen, alles vermengen, aufkochen und 6 Minuten mit Deckel bei mittlerer Hitze unter gelegentlichem Rühren köcheln lassen. Dann 12 Minuten ohne Hitze ziehen lassen. • In der Zwischenzeit die **Karotten** putzen, schälen und mit **Butter** und **Mineralwasser** in die Rechteckpfanne geben. Mit **Salz** und **Pfeffer** würzen, abdecken, aufkochen und 10 Minuten bei mittlerer bis kleiner Temperatur köcheln lassen. Dann ohne weitere Hitze bis zum Anrichten ziehen lassen. • Die **Austernpilze** etwas kleiner zupfen. Die Pfanne mit 15 g **Olivenöl** erhitzen und die Pilze auf mittlerer Temperatur von beiden Seiten insgesamt 3–4 Minuten anbraten. Danach in eine Schüssel geben und ziehen lassen. Erst kurz vor dem Anrichten **salzen.** • Den **Chicorée** der Länge nach halbieren. Die Pfanne mit dem restlichen **Olivenöl** erhitzen. Den Chicorée mit der Schnittseite nach unten in die Pfanne legen und 3–4 Minuten anbraten, dann wenden und weitere 2–3 Minuten braten. Erst zum Schluss leicht **salzen.** • Den Risotto unter Rühren aufkochen, leicht mit **Meersalz** und **Pfeffer** würzen, die kalte **Butter** einrühren. Den **Parmesan** zugeben und alles cremig rühren. Mit dem Herbstgemüse anrichten und servieren.

Tipp Die Karotten kann man natürlich auch einfach mit Wasser kochen, doch der Geschmack ist mit Mineralwasser um ein Vielfaches besser.

Nährwerte pro Portion: 489 kcal – F 28 g, KH 44 g, B 11 g, EW 11 g

Blumenkohl-Masala mit Babyspinat

Zubereitungszeit 25 Minuten
Garzeit 7–8 Minuten
Für 4 Portionen

140 g Zwiebeln schälen
2–3 Knoblauchzehen schälen
40 g frischer Ingwer
1 grüne Chilischote
1 kg Blumenkohl
30 g Olivenöl plus etwas für den Joghurt
15 g Sesamöl
15 g Garam Masala
250 g Gemüsebrühe
400 g stückige Tomaten
250 g Kokosmilch
Salz, Pfeffer
200 g Babyspinat

DAZU
100 g Naturjoghurt (3,5 % Fett)
60 g Cashewkerne
4–5 Stängel Koriander
1 Baguette

AUSSERDEM
großer Topf

vegetarisch, frei von raffiniertem Zucker

Die **Zwiebeln** würfeln und die **Knoblauchzehen** hacken. Den **Ingwer** schälen und fein würfeln, die **Chilischote** halbieren, entkernen und würfeln. Den **Blumenkohl** in Röschen zerteilen und diese eventuell halbieren. • **Olivenöl** mit **Sesamöl** im Topf bei voller Temperatur erhitzen, die Zwiebeln mit Knoblauch, Ingwer und Chili darin 1–2 Minuten unter Rühren anbraten, den Blumenkohl zugeben und kurz angehen lassen. Das **Masalagewürz** zugeben und mit **Brühe** angießen. **Tomaten** und **Kokosmilch** zugeben und aufkochen. Mit **Salz** und **Pfeffer** würzen und alles 2–3 Minuten bei mittlerer Temperatur köcheln lassen. Abschmecken. Kurz vor dem Servieren den **Babyspinat** zugeben und unterrühren. • Etwas **Olivenöl** auf den **Joghurt** geben und das Gericht mit **Cashewkernen** und **Koriander** anrichten. Dazu das **Baguette** servieren.

Tipp Den Blumenkohlstiel kann man schälen und für eine Suppe oder ein Püree verwenden. Kohlsorten sollten nie verschlossen in einer Dose gelagert werden. Am besten in feuchtes Küchenpapier einschlagen und ins Gemüsefach legen.

Nährwerte pro Portion: 649 kcal – F 36 g, KH 57 g, B 15 g, EW 21 g

Auberginenschnitzel mit Quinoa und Ananas-Topping

Zubereitungszeit 15–20 Minuten
Ruhezeit 25 Minuten
Garzeit 20 Minuten
Für 4 Portionen

2 Auberginen (insgesamt etwa 600 g)
Salz
150 g Quinoa
300 g Gemüsebrühe
120 g Sonnenblumenöl

TOPPING
150 g süßscharfe Chilisauce
200 g Ananas aus der Dose (Abtropfgewicht)
200 g rote Paprika
15 g Schnittlauch

PANADE
50 g Weizenmehl (Type 550)
2 Eier (Größe M) mit 2 EL Wasser gut verquirlen
100 g Panko- oder Paniermehl

AUSSERDEM
kleines Backblech
mittelgroßer Topf
Rechteckpfanne

vegetarisch, laktosefrei

Die **Auberginen** der Länge nach in jeweils vier dicke Scheiben schneiden und von beiden Seiten leicht **salzen.** Auf dem Backblech 15 Minuten oder länger ziehen lassen. • In der Zwischenzeit die **Quinoa** dreimal in kaltem Wasser waschen, in einem Sieb abtropfen lassen, dann mit der **Gemüsebrühe** in den Topf geben und mit Deckel aufkochen. Auf kleiner Temperatur 15 Minuten köcheln lassen und 10 Minuten ruhen lassen. • Für das Topping die **Chilisauce** in eine Schüssel geben und die **Ananasscheiben** in Stücke schneiden. Die **Paprika** vierteln, entkernen und fein würfeln. Den **Schnittlauch** in 1–2 cm lange Stücke schneiden und alles miteinander vermengen. • Auberginenscheiben mit Küchenpapier trocken tupfen, in **Mehl** wenden, durch das **Ei** ziehen und mit **Pankomehl** panieren. • Die Rechteckpfanne mit **Öl** bei voller Hitze heiß werden lassen. Mit einem Holzkochlöffel die Temperatur testen: Steigen Bläschen am Stiel auf, ist sie richtig. Die Auberginenschnitzel partienweise in die Pfanne geben und jeweils 3–4 Minuten knusprig backen. Anschließend auf dem Backblech mit Küchenpapier abtropfen lassen. Das übrig gebliebene Öl später filtern. • Die Auberginenschnitzel auf der Quinoa anrichten und mit der Ananas toppen.

Tipp Es ist wichtig, die Quinoa gründlich mit kaltem Wasser zu waschen, da sie sonst leicht bitter schmeckt.

Nährwerte pro Portion: 474 kcal – F 8 g, KH 83 g, B 8 g, EW 16 g

Pfannkuchen mit Pak Choi

Zubereitungszeit 10–15 Minuten
Ruhezeit 20 Minuten
Garzeit 3–4 Minuten
plus 4 × 2–3 Minuten
Für 4 Portionen

PFANNKUCHEN
200 g Weizenmehl (Type 405)
7 g Backpulver
3 Eier (Größe M)
200 g Milch
Salz, Pfeffer
1 TL Butterschmalz

SCHMAND
300 g Schmand
Abrieb und Saft von 1 Biozitrone
Salz, Pfeffer

GEMÜSE
900–1.000 g Pak Choi (6–8 Stück)
40 g Olivenöl plus etwas zum Beträufeln
Salz, Pfeffer

DAZU
2–3 Prisen Chiliflocken

AUSSERDEM
Standmixer oder Stabmixer
1 Rechteckpfanne oder 1 Bräter mit Deckel
1 beschichtete Pfanne (Ø 20 cm)

vegetarisch, frei von raffiniertem Zucker

Das **Mehl** mit **Backpulver** vermischen. • Die **Eier** mit **Milch** in den Standmixer geben, mit **Salz** und **Pfeffer** würzen und auf kleiner Stufe mixen. Das Mehl auf kleiner Stufe einmixen und den Teig 20 Minuten ruhen lassen. Kurz vor dem Backen den Teig erneut einmal durchmixen. • Den **Schmand** mit **Zitronenabrieb** und **Zitronensaft** verrühren. Mit **Salz** und **Pfeffer** würzen und kalt stellen. • Die **Pak Choi** von der Wurzel befreien und in Blätter trennen. • Die Rechteckpfanne erhitzen, das **Olivenöl** zugeben, heiß werden lassen, die Pak-Choi-Blätter zugeben und von allen Seiten etwa 3–4 Minuten anbraten, dann leicht mit **Salz** und **Pfeffer** würzen und ohne weitere Hitze mit Deckel ziehen lassen. • Die beschichtete Pfanne mit etwas **Butterschmalz** erhitzen und den Pfannkuchenteig in vier Portionen bei mittlerer Temperatur jeweils 2–3 Minuten abbacken. • Den Pfannkuchen immer erst dann wenden, wenn der Teig gleichmäßig angezogen ist. • Die Pfannkuchen mit Schmand und Pak Choi anrichten und mit **Chiliflocken** und etwas **Olivenöl** servieren.

Nährwerte pro Portion: 598 kcal – F 39 g, KH 45 g, B 7 g, EW 17 g

Kichererbsen-Karotten-Puffer mit Räucherlachs

Zubereitungszeit 15 Minuten
Garzeit 4–5 Minuten
Für 4 Portionen

1 Dose Kichererbsen (425 g Einwaage)
300 g Karotten schälen
20 g TK-Kräuter (z. B. „8 Kräuter")
125 g Fetakäse
2 Eier (Größe M)
60 g Weizenmehl (Type 550)
5 g Backpulver
Salz, Pfeffer
100 g Polentagrieß
60–80 g Sonnenblumenöl

DAZU
200 g Schmand
200 g geschnittener Räucherlachs
Dill für die Deko (falls vorhanden)

AUSSERDEM
Foodprozessor
große Pfanne
kleines Backblech mit Backpapier auslegen

frei von raffiniertem Zucker

Die **Kichererbsen** in ein Sieb geben und unter kaltem Wasser abbrausen, abtropfen und im Foodprozessor zerkleinern. In eine große Schüssel geben. • Die **Karotten** in Stücke schneiden, im Foodprozessor gut zerkleinern und zu den Kichererbsen geben. • Die **Kräuter** hinzufügen, den **Fetakäse** zerbröseln und mit **Eiern, Mehl** und **Backpulver** zugeben. Mit **Salz** und **Pfeffer** würzen und alles gut vermengen. Aus der Masse acht Puffer formen. Den **Polentagrieß** auf einen großen Teller geben und die Puffer vorsichtig darin panieren. Die Masse ist sehr cremig und sollte es auch sein, sonst werden die Puffer zu trocken. • Die Pfanne mit dem **Öl** bei mittlerer bis hoher Temperatur erhitzen und die Puffer darin in zwei Partien von jeder Seite gut 2 Minuten braten. Anschließend auf das vorbereitete Backblech geben. • Den **Schmand** mit **Salz** und **Pfeffer** würzen und gut verrühren. • Die Puffer mit Schmand und **Räucherlachsscheiben** anrichten und mit **Dill** dekorieren.

Tipps Angebrochene TK-Kräuterpäckchen am besten immer in einer gut verschließbaren Dose im Gefrierschrank aufbewahren. – TK-Kräuter sind immer schnell einsetzbar und viele sind zudem sehr preiswert.

Nährwerte pro Portion: 705 kcal – F 34 g, KH 51 g, B 12 g, EW 30 g

Linsenbratlinge mit Salat

Zubereitungszeit 20 Minuten
Kühlzeit 1 Stunde
Garzeit 12–14 Minuten
Für 4 Portionen

LINSENBRATLINGE
250 g rotes Linsenmehl
5 g grobes Meersalz plus etwas mehr für den Salat
je 1 Msp. Cumin, Chiliflocken, Currypulver und Koriander
Sonnenblumenöl

SALAT
1 Salatgurke (etwa 400 g)
100 g rote Zwiebeln schälen
100 g rote Paprika
Salz, Pfeffer
weißer Balsamico-Essig Condimento
Sonnenblumenöl
100–130 g grüne Salatblätter putzen

PANADE
2–3 EL Weizenmehl (Type 550)
2 Eier (Größe M) gut verquirlen
100 g Paniermehl

AUSSERDEM
Auflaufform (etwa 20 × 20 cm) mit Öl ausstreichen
große Rechteckpfanne

vegetarisch, laktosefrei, frei von raffiniertem Zucker

Das **Linsenmehl** mit 250 g Wasser in einer Schüssel gut verrühren. Weitere 250 g Wasser mit **Meersalz, Cumin, Chiliflocken, Currypulver** und **Koriander** aufkochen und den Linsenbrei mit einem Schneebesen einrühren. Unter Rühren bei kleiner bis mittlerer Temperatur 4–5 Minuten kochen. Die Linsenmasse in die vorbereitete Auflaufform abfüllen und mindestens 1 Stunde kalt stellen. • In der Zwischenzeit die **Salatgurke** und die **Zwiebeln** in dünne Scheiben hobeln oder schneiden, die **Paprika** würfeln. Alles in eine Schüssel geben und mit **Salz** und **Pfeffer** würzen. Je nach Geschmack mit 1–2 EL **Essig** und **Öl** anmachen. • Die Linsenmasse in acht gleichmäßige Stücke schneiden. In **Mehl** wälzen, durchs verquirlte **Ei** ziehen und gut im **Paniermehl** wenden. • Die Linsenbratlinge in der großen Pfanne im heißen tiefen **Fett** von beiden Seiten jeweils 2–3 Minuten knusprig braten. Auf Küchenpapier abtropfen lassen und mit den **Salatblättern** und dem Gurkensalat anrichten.

Nährwerte pro Portion: 496 kcal – F 14 g, KH 61 g, B 2 g, EW 25 g

STAUB

Gemüse-Crumble mit Kräuterschmand

Zubereitungszeit 20 Minuten
Garzeit 35–40 Minuten
Für 4 Portionen

CRUMBLE
70 g zarte Haferflocken
60 g Weizenmehl (Type 550)
50 g Haselnüsse hacken
1 TL getrocknete italienische oder provenzalische Kräuter
60 g kalte Butter würfeln
Salz, Pfeffer

GEMÜSE
800 g Karotten
250 g Pastinaken
400 g Kohlrabi
2 TL getrocknete italienische oder provenzalische Kräuter
20 g glatte Petersilie hacken
Salz, Pfeffer
40 g Olivenöl
150 g Fetakäse würfeln
50 g Gemüsebrühe

DAZU
250 g Schmand
20 g TK-Kräuter (nach Belieben)

AUSSERDEM
Backofen mit Gussbräter oder großer feuerfester Auflaufform auf 200 °C Umluft vorheizen
Küchenmaschine mit Flachrührer

vegetarisch, frei von raffiniertem Zucker

Die **Haferflocken** mit **Mehl, Haselnüssen, Kräutern** und **Butter** in die Rührschüssel der Küchenmaschine geben, mit **Salz** und **Pfeffer** würzen und mit dem Flachrührer auf kleiner Stufe zu krümeligen Streuseln rühren. • Das **Gemüse** schälen. Karotten und Pastinaken längs halbieren und in dünne Scheiben schneiden. Die Kohlrabis würfeln. Das Gemüse in eine große Schüssel geben. Die **getrockneten Kräuter** und die **frische Petersilie** zugeben, mit **Salz** und **Pfeffer** würzen, das **Olivenöl** zugeben und alles gut vermengen. • Den **Fetakäse** locker darunterziehen und alles in den heißen Bräter füllen. Mit **Brühe** angießen. • Die Streusel locker darauf verteilen und den Bräter zurück in den Ofen stellen. 35–40 Minuten backen. • Den **Schmand** mit den **TK-Kräutern** vermengen und mit **Salz** und **Pfeffer** würzen. Zum Gemüsecrumble reichen.

Tipp Das Gemüse kann man wunderbar variieren und den Jahreszeiten anpassen. Anstelle von den Haselnüssen eignen sich auch Mandeln, Walnüsse, Cashewkerne oder Erdnüsse.

Nährwerte pro Portion: 779 kcal – F 60 g, KH 40 g, B 14 g, EW 17 g

Spargeltarte

Zubereitungszeit 20 Minuten
Kühlzeit 45 Minuten
Backzeit 35–40 Minuten
Für 8 Stücke

TEIG
200 g Weizenmehl (Type 550) plus etwas zum Verarbeiten
100 g kalte Butter würfeln
6 g Salz

FÜLLUNG
500 g weißer Spargel
3 Eier (Größe M), davon 1 Ei trennen
180 g Sahne
Salz, Pfeffer
Muskatnuss

DAZU
1 grüner Salat
weißer Balsamico-Essig Condimento
Olivenöl

AUSSERDEM
Backofen auf 200 °C Ober-/Unterhitze vorheizen
längliche Tarteform mit Hebeboden (34 × 11 cm) mit flüssiger Butter ausstreichen und 15 Minuten in den Gefrierschrank stellen
Küchenmaschine mit Flachrührer
Stabmixer
kleines Backblech

vegetarisch, frei von raffiniertem Zucker

Mehl, Butter, Salz und 50 g kaltes Wasser in die Rührschüssel der Küchenmaschine geben und mit dem Flachrührer auf kleiner Stufe zu einem Teig vermengen. Den Teig mit etwas **Mehl** zwischen zwei Streifen Klarsichtfolie ausrollen und die kalte Tarteform damit auskleiden. Mit einer Gabel mehrfach einstechen. • Die Tarteform mit dem Teig erst 30 Minuten in den Kühlschrank und dann 15 Minuten in den Gefrierschrank stellen. • Den **Spargel** 5 Minuten in kaltes Wasser legen, dann von jeder Stange 1–2 cm am unteren Ende abschneiden und den Spargel schälen. In schräge Scheiben schneiden und die Spargelspitzen längs halbieren. • Für die Liaison zwei **Eier** und ein **Eiweiß** mit **Sahne,** etwas **Salz, Pfeffer** und **Muskatnuss** in den Mixbecher geben. Das **Eigelb** für den Tarteboden zur Seite stellen. Die Liaison mit dem Stabmixer durchmixen. • Den Tarteboden mit dem Eigelb einstreichen und auf das Backblech setzen. Die Liaison angießen und den Spargel darauf verteilen. Danach im heißen Ofen 35–40 Minuten backen. In der Zwischenzeit den **Salat** mit **Essig** und **Öl** beträufeln, **salzen** und **pfeffern.** Zur Tarte servieren.

Tipp Durch das Einstreichen mit dem Eigelb weicht der Tarteboden nicht auf, er wird versiegelt. Dafür muss der Teig immer gut gekühlt sein.

Nährwerte pro Stück: 356 kcal – F 26 g, KH 22 g, B 2 g, EW 8 g

Asiatische Hühnersuppe mit Nudeln und Ei

Zubereitungszeit 30 Minuten
Garzeit etwa 12 Minuten
Ruhezeit 15 Minuten
Für 4 Portionen

1,7 l Hühnerbrühe
6–8 getrocknete Shiitakepilze
2 Hähnchenbrustfilets
2 Stängel Petersilie
4 Zitronenscheiben
Salz
4 Eier (Größe M)
250 g Mie-Nudeln
½ TL Sesamöl (alternativ Olivenöl)
100 g Kaiserschoten
½ Bd. Frühlingslauch putzen
300 g Spitzkohl
2 rote Chilischoten

AUSSERDEM
1 großer Topf
2 mittelgroße Töpfe
1 kleiner Topf

laktosefrei, frei von raffiniertem Zucker

Die **Hühnerbrühe** im großen Topf mit den **Shiitakepilzen** langsam aufkochen, gut 1 Minute köcheln und 15 Minuten ohne weitere Hitze ziehen lassen. • In der Zwischenzeit die **Hähnchenbrustfilets** kalt abbrausen, in einen Topf geben und gut mit Wasser bedecken. **Petersilie** und **Zitronenscheiben** zugeben und leicht **salzen.** Auf mittlerer Temperatur aufkochen, 1–2 Minuten köcheln lassen und dann im Sud bis zum Anrichten ruhen lassen. • Die **Eier** anpieksen, in kochendes Wasser geben und 6 Minuten garen. Abgießen und 2 Minuten in kaltes Wasser geben, anschließend pellen und zur Seite stellen. • Einen Topf zu drei Vierteln mit Wasser füllen, aufkochen, leicht **salzen.** Die **Nudeln** nach Packungsangabe darin kochen. In ein Sieb abgießen, mit kaltem Wasser abbrausen und abtropfen lassen. Mit dem **Öl** vermengen, damit sie nicht zusammenkleben. • Die **Kaiserschoten** putzen und schräg in Stücke schneiden. Den **Frühlingslauch** in Ringe schneiden. Den Strunk aus dem **Spitzkohl** entfernen und den Rest in Streifen schneiden. Die **Chilis** halbieren, entkernen und fein würfeln. • Die Shiitakepilze aus der Brühe nehmen und in Stücke schneiden. Mit dem vorbereiteten Gemüse in die Brühe geben und aufkochen. Das Hühnerfleisch in Scheiben schneiden und die Eier halbieren. Die Nudeln auf vier Teller verteilen, mit der kochenden Brühe angießen, das Hähnchenfleisch und die Eier dazugeben und servieren.

Tipp Shiitakepilze kann man getrocknet kaufen oder man zieht sie einfach selbst im Dörrautomaten, im Ofen oder einfach auf einem Kuchengitter in der Küche oder im Sommer draußen. Gut getrocknet sind sie wie ein Geschmacksverstärker. Mit grobem Meersalz im Foodprozessor zerkleinern und zum Würzen verwenden.

Nährwerte pro Portion: 427 kcal – F 9 g, KH 63 g, B 4 g, EW 20 g

Spargel mit Käseflocken und Sauce gribiche

Zubereitungszeit 20–22 Minuten
Garzeit etwa 18–20 Minuten
Für 4 Portionen

SAUCE
4 Eier (Größe M)
20 g scharfer Senf
20 g körniger Senf
20 g Honigsenf
30–40 g weißer Balsamico-Essig Condimento
80 g Olivenöl
120 g saure Gurken oder Sandwichgurken würfeln
50 g kleine Kapern
10 g Petersilie (frisch oder TK) fein hacken
Salz, Pfeffer

SPARGEL
1,2 kg weißer Spargel (20 Stangen)
50 g Butter
Salz, Pfeffer
1 TL Zucker

KÄSEFLOCKEN
150 g Toastbrot
250 g Gouda oder Emmentaler

Estragon oder andere Kräuter für die Deko

AUSSERDEM
Backofen auf 200 °C mit Grillfunktion vorheizen
Stabmixer mit hohem Mixbecher
Rechteckpfanne (30 × 25 cm) oder Bräter mit Deckel
Foodprozessor
Backblech mit Backpapier

vegetarisch, frei von raffiniertem Zucker

Die **Eier** 9 Minuten kochen, abgießen und in kaltem Wasser 2 Minuten stehen lassen. Anschließend pellen, halbieren, das Eiweiß klein würfeln und zur Seite stellen. Das Eigelb mit den drei **Senfsorten** und dem **Essig** im hohen Mixbecher cremig mixen. Das **Öl** in dünnem Strahl einlaufen lassen und durchmixen. Die Masse in eine Schüssel geben. Die **sauren Gurken** fein würfeln, die **Kapern** hacken. Mit dem Eiweiß und der **Petersilie** zur Eiercreme geben und gut vermengen. Mit **Salz** und **Pfeffer** abschmecken und kalt stellen. • Den **Spargel** 5 Minuten in stehendes kaltes Wasser geben. Anschließend am unteren Ende 1–2 cm kürzen und den Spargel schälen. Mit 170 g Wasser und der **Butter** in die Pfanne geben, leicht mit **Salz** und **Pfeffer** würzen und den **Zucker** zugeben. Mit Deckel auf voller Hitze zum Kochen bringen und dann auf mittlerer Hitze 4–5 Minuten garen. Zwischendurch die Pfanne rütteln, damit der Spargel sich anders verteilt. Danach 2–3 Minuten mit Deckel ziehen lassen. • In der Zwischenzeit **Toastbrot** und **Käse** im Foodprozessor zerkleinern, leicht mit **Salz** und **Pfeffer** würzen. Die Masse mit den Fingern zu kleinen Häufchen zusammendrücken, auf das Backblech geben und 5–6 Minuten im Ofen grillen. • Den Spargel mit der kalten Sauce und den Käseflocken servieren und mit **Estragon** dekorieren.

Nährwerte pro Portion: 780 kcal – F 56 g, KH 39 g, B 4 g, EW 33 g

Spinattarte mit Camembert

Zubereitungszeit 8–10 Minuten
Ruhezeit 5 Minuten
Backzeit 35–40 Minuten
Für 8 Stücke

1 Pck. Quiche- oder Tarteteig aus dem Kühlregal (300 g, Ø 32 cm)
900 g TK-Blattspinat
1 Camembert (250 g)

LIAISON
3 Eier (Größe M)
200 g Sahne
50 g Milch
Salz, Pfeffer
Muskatnuss

AUSSERDEM
Backofen auf 170 °C Umluft vorheizen
Stabmixer mit hohem Mixbecher
rundes Backblech (Ø 30 cm)
1 runder Backpapierzuschnitt

vegetarisch, frei von raffiniertem Zucker

Den **Teig** aus dem Kühlschrank nehmen und auf Raumtemperatur erwärmen. • Den **TK-Spinat** in eine große Schüssel geben und mit kochend heißem Wasser auffüllen. 5 Minuten stehen lassen. • Den **Camembert** in 20 Tortenstücke schneiden. • Die **Eier** mit **Sahne** und **Milch** in den hohen Mixbecher geben, mit **Salz, Pfeffer** und **Muskatnuss** würzen und gut durchmixen. • Den Spinat in ein Sieb abgießen. Mittig in ein Küchentuch geben und das Tuch kräftig auswringen. Den Quicheteig entrollen, auf den runden Backpapierzuschnitt geben und diesen auf das runde Backblech legen. Den Spinat gleichmäßig darauf verteilen und die Liaison darauf angießen. Die Camembertstücke schön darauf anrichten und die Tarte 35–40 Minuten im Ofen backen.

Tipp Wenn man frischen Spinat verwenden möchte, dann den Spinat putzen, waschen, abtropfen lassen, in eine große Schüssel geben, mit kochendem Wasser übergießen und 2 Minuten stehen lassen. Dann in ein Sieb abgießen und mithilfe eines Küchentuchs gut auswringen.

Nährwerte pro Stück: 261 kcal – F 20 g, KH 9 g, B 4 g, EW 13 g

Wokgemüse mit Sojasauce und Reis

Zubereitungszeit 20 Minuten
Ruhezeit 20 Minuten
Garzeit 15 Minuten
Für 4 Portionen

200 g Basmatireis
Salz

WOKGEMÜSE
200 g Zwiebeln schälen
50 g Ingwer schälen
2 Chilischoten halbieren und entkernen
3–4 Knoblauchzehen schälen
400 g rote Paprika vierteln und entkernen
150 g Champignons
100 g Shiitakepilze
2 Pak Choi (500 g)
8 Stangen Frühlingslauch putzen
50 g Sonnenblumenöl
15 g Sesamöl (falls vorhanden, sonst mehr Sonnenblumenöl)
200 g Mungobohnen
½ TL Abrieb von 1 Biozitrone
Salz, Pfeffer
25 g ungeschälter Sesam

DAZU
süße Sojasauce (z. B. Ketjap Manis)

AUSSERDEM
mittelgroßer Topf mit Deckel
großer Wok mit Deckel

vegan, laktosefrei

Den **Reis** dreimal in stehendem kaltem Wasser waschen und dann mit 220 g Wasser und etwas **Salz** in den Topf geben. Mit Deckel bei kleiner bis mittlerer Temperatur zum Kochen bringen. Auf ganz kleiner Hitze 5 Minuten leicht köcheln lassen und dann 20 Minuten quellen lassen. • Die **Zwiebeln** halbieren und in Scheiben schneiden. **Ingwer** und **Chilis** fein würfeln. **Knoblauchzehen** hacken, **Paprika** würfeln, **Champignons** vierteln, **Shiitakepilze** halbieren, **Pak Choi** vierteln und **Frühlingslauch** der Länge nach vierteln. • Den Wok auf voller Temperatur erhitzen, das **Öl** zugeben und heiß werden lassen. Die Zwiebeln mit Ingwer, Chili und Knoblauch darin 1–2 Minuten angehen lassen. Die Paprika zugeben, alles gut vermengen und 2 Minuten braten. Pilze und Pak Choi zugeben und mit Deckel 2 Minuten garen. Den Frühlingslauch und die **Mungobohnen** mit **Zitronenabrieb** dazugeben, vermengen und 3–4 Minuten mit Deckel garen. Mit **Salz** und **Pfeffer** würzen und mit **Sesam** bestreuen. • Das Gemüse mit dem Reis und **süßer Sojasauce** servieren.

Tipps Statt eines Woks kann man sehr gut einen großen Schmortopf, einen Bräter oder eine Rechteckpfanne verwenden. – Statt Reis passen auch Mie-Nudeln super dazu. Diese nach Packungsangabe zubereiten und am besten mit etwas Sojasauce vermengen.

Nährwerte pro Portion: 499 kcal – F 22 g, KH 59 g, B 9 g, EW 15 g

Frühlingsrollen von der Hähnchenbrust mit Minze

Zubereitungszeit 20 Minuten
Garzeit 5–6 Minuten
Ruhezeit 10 Minuten
Für 4 Portionen

6 Hähnchenbrustfilets
2 Stängel Petersilie
½ Biozitrone in Scheiben schneiden
Salz
40 Minzeblätter
12 Brickteigblätter oder große Frühlingsrollenblätter
150 g Sonnenblumenöl

DIP
50 g Ketjap Manis
50 g Ketchup
20 g Ahornsirup oder Honig
10 g Zitronensaft
1 große rote Chilischote
Salz, Pfeffer

DAZU
1 großer Salat (z. B. Lollo rosso oder Kopfsalat)
8 Stängel Minze
1 Biolimette oder -zitrone vierteln

AUSSERDEM
Rechteckpfanne mit Deckel
kleines Backblech mit Küchenpapier

Die **Hähnchenbrüste** kalt abbrausen und mit **Petersilie** und **Zitronenscheiben** in die Pfanne geben, leicht **salzen** und so viel Wasser angießen, dass die Hähnchenbrüste gut bedeckt sind. Bei mittlerer Temperatur aufkochen und 1 Minute richtig kochen, dann ohne weitere Hitze 10 Minuten ruhen lassen. • In der Zwischenzeit für den Dip **Ketjap Manis** mit **Ketchup, Ahornsirup** und **Zitronensaft** in einer kleinen Schüssel verrühren. Die **Chili** der Länge nach halbieren, entkernen und in kleine Würfel schneiden, dazugeben und eventuell mit **Salz** und **Pfeffer** nachwürzen. • Den **Salat** putzen, in stehendem kaltem Wasser mit der **Minze** waschen und gut abtropfen lassen. • Die Hähnchenbrüste auf Küchenpapier abtropfen lassen, der Länge nach halbieren und mit jeweils zwei bis drei Minzeblättern in den Brickteig einrollen. • Die Rechteckpfanne mit **Öl** auf voller Hitze heiß werden lassen. Mit einem Holzkochlöffel die Temperatur testen: Steigen Bläschen am Stiel auf, ist sie richtig. Die Frühlingsrollen im heißen Fett 3–4 Minuten knusprig braten und auf Küchenpapier abtropfen lassen. • Heiß mit Salat, Minze, Dip und **Limettenvierteln** anrichten.

Tipps Brickteig bestellt man am besten bei der Firma Bosfood. Den Teig kann man super einfrieren und einzelne Blätter aus der Verpackung nehmen. Gefroren brauchen sie 30 Sekunden, bis sie aufgetaut sind. – Wenn man schon etwas bestellt, lohnt es sich auch, nach einem guten Salz zu schauen, denn ein gutes Salz hebt den Geschmack jeder Speise.

Nährwerte pro Portion: 233 kcal – F 0 g, KH 52 g, B 1 g, EW 3 g

Schinken-Rucola-Wraps mit Kräutersauce

Zubereitungszeit 15 Minuten
Garzeit 5–7 Minuten
Für 4 Portionen

250 g entrindetes Toastbrot in Stücke schneiden
80 g Rucola grob schneiden
8 Scheiben gekochter Schinken
4 Brickteigblätter (alternativ 4 große Frühlingsrollenteigblätter)
80 g Honigsenf
2 EL Öl

SAUCE
300 g griechischer Joghurt (10 % Fett)
100 g Petersilie oder andere Kräuter grob hacken
50 g Mineralwasser
1 kleine Knoblauchzehe schälen und halbieren
Meersalz, Pfeffer

DAZU
Rucolablätter, Schnittlauch und eventuell blühende Kräuter für die Deko

ANSONSTEN
Foodprozessor
Blender/Standmixer
quadratische oder Rechteckpfanne

frei von raffiniertem Zucker

Das **Toastbrot** mit **Rucola** in zwei bis drei Partien in kurzen Intervallen im Foodprozessor mehrmals pulsen und dann etwas länger durchlaufen lassen. Das Toastbrot und der Rucola sollten gut zerkleinert sein und eine schöne grüne Farbe haben. In eine Schüssel füllen. • Jeweils zwei Scheiben **Schinken** leicht überlappend auf ein **Brickteigblatt** legen und mit 20 g **Honigsenf** einstreichen. Ein Viertel der Toast-Rucola-Mischung darauf verteilen, die Seiten einschlagen und alles wie eine Frühlingsrolle aufwickeln. • Die Pfanne auf mittlerer Temperatur erhitzen. Das **Öl** hineingeben und die Schinken-Rucola-Wraps auf mittlerer Temperatur 5–7 Minuten von allen Seiten in der Pfanne knusprig braten. • In der Zwischenzeit den **Joghurt** mit **Petersilie, Mineralwasser, Knoblauch, Salz** und **Pfeffer** in den Blender geben und kräftig durchmixen. Der Joghurt sollte eine feine Konsistenz haben. Alternativ im Foodprozessor mixen, dann allerdings in zwei Partien. • Die Wraps jeweils schräg halbieren und mit der Joghurtsauce servieren. Mit **Rucolablättern** und **Schnittlauch** ausdekorieren.

Tipp Anstelle von Petersilie kann man sehr gut Karottengrün oder andere Kräuter verwenden.

Nährwerte pro Portion: 677 kcal – F 14 g, KH 103 g, B 2 g, EW 30 g

Gefüllte Pfannkuchen

Zubereitungszeit 20 Minuten
Ruhezeit 20 Minuten
Garzeit etwa 15 Minuten
Für 4 Portionen

TEIG
200 g Mineralwasser
mit Kohlensäure
30 g Petersilie grob hacken
3 Eier (Größe M)
250 g Magerquark
Salz, Pfeffer
150 g Dinkelmehl (Type 630)
50 g Sonnenblumenöl

FÜLLUNG
500 g Champignons putzen
200 g Zwiebeln schälen
1 Knoblauchzehe schälen
250 g Sahne
Salz, Pfeffer
½ TL Speisestärke mit 1 EL kaltem
Wasser anrühren

DAZU
80–100 g grüner Salat
150–200 g Tomaten
in Spalten schneiden
weißer Balsamico-Essig
Condimento
Olivenöl zum Beträufeln

AUSSERDEM
Standmixer/Blender
große Pfanne
beschichtete Crêpepfanne
Backblech mit Kuchengitter

frei von raffiniertem Zucker

Für den Teig das **Mineralwasser** mit **Petersilie, Eiern** und **Magerquark** in den Behälter des Standmixers geben, mit **Salz** und **Pfeffer** würzen und auf mittlerer bis voller Leistung 1 Minute durchlaufen lassen. Das **Mehl** löffelweise auf kleiner Stufe einmixen. Die Masse 20 Minuten quellen lassen und dann erneut einmal durchmixen. • In der Zwischenzeit die **Champignons** halbieren oder vierteln. • Die **Zwiebeln** halbieren und in Scheiben schneiden, die **Knoblauchzehe** hacken. Die große Pfanne mit 40 g **Sonnenblumenöl** auf voller Temperatur erhitzen und Zwiebeln mit Knoblauch darin 1 gute Minute anschwitzen, Champignons zugeben und kurz angehen lassen. Die **Sahne** angießen, aufkochen mit **Salz** und **Pfeffer** würzen und mit etwas **Speisestärke** abbinden. Danach ohne weitere Hitze ziehen lassen. • Die Crêpepfanne erhitzen und mit dem restlichen **Öl** einstreichen. Acht Pfannkuchen auf mittlerer Temperatur abbacken und auf das Backblech mit Kuchengitter legen. Immer zwei Pfannkuchen aufeinanderlegen und mit **Salat, Tomaten** und Champignons füllen. Mit etwas **Essig** und **Olivenöl** beträufeln und frisch servieren.

Nährwerte pro Portion: 484 kcal – F 26 g, KH 38 g, B 3 g, EW 21 g

Grüne Carbonara mit gerösteten Walnüssen

Zubereitungszeit 10 Minuten
Garzeit 11–12 Minuten
Für 4 Portionen

SAUCE
4 Eier (Größe M)
1 kleine Knoblauchzehe schälen
100 g gemischte Kräuter (z. B. Petersilie, Kerbel, Schnittlauch, Dill, Basilikum, Koriander und Estragon)
30 g Parmesan reiben oder in Stücke schneiden
Salz, Pfeffer

DAZU
500 g Pasta nach Wahl (z. B. Castellane)
50–60 g Walnüsse ohne Öl rösten und grob hacken
Parmesanspäne und Basilikumblätter für die Deko

AUSSERDEM
Standmixer/Blender
großer Topf

vegetarisch, laktosefrei, frei von raffiniertem Zucker

Für die Sauce die **Eier** mit **Knoblauch** in den Standmixer geben, die **Kräuter** grob hacken und mit dem **Parmesan** zugeben. Mit **Salz** und **Pfeffer** würzen und auf kleiner Stufe anmixen, dann kräftig durchmixen, bis man eine schöne grüne Farbe hat. • Die **Nudeln** in kochendem **Salzwasser** nach Packungsangabe kochen und am Ende der Garzeit 150 g Nudelwasser abnehmen. Die Nudeln in ein Sieb abgießen. Das abgemessene Nudelwasser zurück in den Topf geben, die Nudeln zugeben, die Sauce einrühren und alles gut miteinander vermengen. Auf kleiner bis mittlerer Temperatur nur so lange rühren, bis die Sauce anzieht. Sofort vom Herd nehmen und mit **Walnüssen, Parmesan** und **Basilikum** anrichten.

Tipps Die Sauce darf auf keinen Fall kochen, sonst stockt das Ei. – Anstelle der Kräuter für die Sauce eignet sich auch Rucola oder Babyspinat hervorragend.

Nährwerte pro Portion: 665 kcal – F 19 g, KH 93 g, B 1 g, EW 27 g

French Toast mit Kräuterseitlingen

Zubereitungszeit 10 Minuten
Einweichzeit 20 Minuten
Garzeit etwa 12 Minuten
Für 4 Portionen

4 Eier (Größe M)
280 g Milch
Salz, Pfeffer
40 g Sonnenblumenöl
4 große dicke Scheiben Bauernbrot

DAZU
500–600 g Kräuterseitlinge
10 g Olivenöl
125 g Kräuterbutter
80–100 g Feldsalat putzen

AUSSERDEM
Backofen mit Backblech auf 80 °C Umluft vorheizen
Stabmixer mit hohem Mixbecher
kleines tiefes Backblech
große Pfanne
Rechteckpfanne

vegetarisch, frei von raffiniertem Zucker

Die **Eier** mit **Milch,** etwas **Salz** und **Pfeffer** in den hohen Mixbecher geben und durchmixen. Die Eiermilch auf das Backblech geben und die Brotscheiben darin 20 Minuten einweichen. Am besten alle 5 Minuten wenden. • In der Zwischenzeit die **Kräuterseitlinge** in grobe Stücke schneiden. • Die große Pfanne erhitzen, das **Olivenöl** zugeben und die Kräuterseitlinge darin 3–4 Minuten bei mittlerer Temperatur anbraten. Die **Kräuterbutter** zugeben und alles auf kleiner Hitze 2–3 Minuten leicht köcheln lassen, dann zur Seite stellen und erst vor dem Servieren leicht mit **Salz** und **Pfeffer** würzen. • Die Rechteckpfanne erhitzen und die Hälfte vom **Sonnenblumenöl** zugeben. Zwei **Brotscheiben** hineinlegen und von beiden Seiten 2–3 Minuten braten. Zum Warmhalten auf das Backblech im Ofen geben. Die weiteren **Scheiben** in dem restlichen **Öl** genauso braten. • Die Kräuterseitlinge kurz erwärmen und mit **Feldsalat** auf den Brotscheiben anrichten.

Nährwerte pro Portion: 561 kcal – F 44 g, KH 18 g, B 12 g, EW 19 g

Udonnudeln mit Spitzkohl und Sesam

Zubereitungszeit 15 Minuten
Garzeit etwa 8 Minuten
Für 4 Portionen

MARINADE
Saft und Abrieb von 1 Biozitrone
25 g weißer Balsamico-Essig Condimento
10 g Sesamöl
75 g Olivenöl
60 g Ketjap Manis
15 g Ahornsirup
10 g Currypulver
2 rote Chilischoten

DAZU
750 g Spitzkohl
600 g Udonnudeln
Salz, Pfeffer
1 EL heller Sesam

AUSSERDEM
Wok oder große Schwenkpfanne

vegan, laktosefrei

Für die Marinade den **Zitronensaft** mit **Zitronenabrieb, Essig, Sesamöl,** 35 g **Olivenöl, Ketjap Manis, Ahornsirup** und **Currypulver** in eine kleine Schüssel geben. **Chilis** halbieren und entkernen, in kleine Würfel schneiden und in die Marinade geben. • Den **Kohl** vierteln, vom Strunk befreien und in dünne Streifen schneiden. Die **Udonnudeln** in kochendem **Salzwasser** nach Packungsangabe (etwa 3 Minuten) kochen und in ein Sieb abgießen. • Den Wok mit dem restlichen **Olivenöl** bei voller Temperatur erhitzen und den Kohl darin 3–4 Minuten anbraten, leicht mit **Salz** und **Pfeffer** würzen. Die Nudeln zugeben und alles gut vermengen. Die Marinade angießen, gut durchrühren und mit etwas **Sesam** anrichten.

Tipp Anstelle der Udonnudeln kann man auch sehr gut Mie-Nudeln verwenden, die sind feiner und passen sehr gut zum Rest.

Nährwerte pro Portion: 574 kcal – F 25 g, KH 70 g, B 7 g, EW 12 g

STAUB
STAUB

Croque mit Kräuter-Käse-Creme und Pastrami

Zubereitungszeit 10 Minuten
Backzeit 12–14 Minuten
Für 4 Portionen

CREME
125 g Emmentaler
125 g Gouda
25 g Petersilie grob hacken
170 g H-Milch
Salz, Pfeffer
Muskatnuss

DAZU
8 Scheiben großes Toastbrot
16 Scheiben Pastrami
1 große Fleischtomate
etwas grüner Salat
Balsamico-Essig
Olivenöl

AUSSERDEM
Backofen auf 180 °C Umluft vorheizen
Foodprozessor oder Blender
kleines Backblech mit Backpapier auslegen

frei von raffiniertem Zucker

Den **Käse** in Stücke schneiden und in zwei Partien mit der **Petersilie** im Foodprozessor bröselig zerkleinern. Jeweils die Hälfte der **Milch** zugeben und cremig mixen. Die Masse in eine Schüssel geben und mit etwas **Salz, Pfeffer** und **Muskatnuss** würzen. • Die Käsemasse gleichmäßig auf die **Toastscheiben** verteilen und glatt streichen. Auf vier Toasts je zwei Scheiben **Pastrami** legen. Mit den übrigen Toastscheiben mit der Cremeseite nach oben abdecken. • Die **Tomate** in Scheiben schneiden und je eine Tomatenscheibe mittig auf die Creme legen. Die Croques auf das Backblech setzen und im heißen Ofen 12–14 Minuten backen. • In der Zwischenzeit die restlichen Tomatenscheiben würfeln und mit dem **Salat** anrichten. Mit etwas **Essig** und **Öl** beträufeln, mit **Salz** und **Pfeffer** würzen. • Die fertigen Croques mit den restlichen **Pastramischeiben** und dem Salat servieren.

Tipps Die Käsecreme hält sich im Kühlschrank gut 1 Woche. Wichtig ist, haltbare Milch zu verwenden. – Man kann die Petersilie auch durch Babyspinat oder andere Kräuter ersetzen. – Als Käsealternative ist Cheddar sehr gut geeignet.

Nährwerte pro Portion: 559 kcal – F 27 g, KH 44 g, B 1 g, EW 34 g

Tofu-Gemüse-Bratlinge mit Römersalat

Zubereitungszeit 15–18 Minuten
Ruhezeit 1 Stunde im Kühlschrank
Garzeit 8–10 Minuten
Für 4 Portionen

400 g Tofu Natur
250 g Pastinake schälen
250 g Karotten schälen
25 g Petersilie
50 g Ketjap Manis
50 g Ketchup
50 g mittelscharfer Senf
120 g zarte Haferflocken
Salz, Pfeffer
30 g Sonnenblumenöl

DAZU
2 Römersalatherzen putzen
4 Zitronenspalten
Olivenöl
1 Pck. Gartenkresse
süßscharfe Chilisauce

AUSSERDEM
Backofen mit Backblech und Backpapier auf 60 °C Umluft vorheizen
Foodprozessor
2 kleine Backbleche mit Backpapier auslegen
Rechteckpfanne

vegan, laktosefrei

Den **Tofu** mit Küchenpapier trocken tupfen und in Würfel schneiden. Im Foodprozessor krümelig zerkleinern und in eine Schüssel geben. • **Pastinake** und **Karotten** in Stücke schneiden und im Foodprozessor mit der **Petersilie** in zwei Partien sehr fein zerkleinern. Zum Tofu geben. Gut mit **Ketjap Manis, Ketchup, Senf** und **Haferflocken** vermengen, mit **Salz** und **Pfeffer** würzen. • Aus der Masse mit feuchten Händen acht Bratlinge formen. Die Bratlinge auf das Backblech geben und 1 Stunde kalt stellen. • Das zweite Backblech in den Ofen geben. Die Pfanne mit dem **Öl** auf mittlerer Temperatur erhitzen und die Bratlinge (eventuell in zwei Partien) 8–10 Minuten sanft braten. Die Bratlinge auf dem warmen Backblech im Ofen warm halten. • Die **Römersalate** halbieren, mit **Zitronensaft** und **Olivenöl** beträufeln und leicht mit **Salz** und **Pfeffer** würzen. Mit den Bratlingen, **Kresse** und der **Chilisauce** servieren.

Nährwerte pro Portion: 342 kcal – F 12 g, KH 38 g, B 9 g, EW 21 g

süss

Gefüllte Galette mit marinierten Erdbeeren

Zubereitungszeit 15–20 Minuten
Kühlzeit 1 Stunde
Backzeit 18–20 Minuten
Für 4 Stück

180 g Weizenmehl (Type 405) plus etwas zum Verarbeiten
120 g kalte Butter in kleine Stücke schneiden
50 g feiner Kristallzucker
2 Eigelb (Größe M)
1 Prise Salz

FÜLLUNG
200 g Schmand
70 g Zucker

DAZU
400 g Erdbeeren
10 g Orangenlikör (nach Belieben)

AUSSERDEM
Backofen auf 180 °C Umluft vorheizen
Küchenmaschine mit Flachrührer
Klarsichtfolie
Backblech mit Backpapier auslegen

vegetarisch

180 g **Mehl** mit **Butter, Zucker,** einem **Eigelb, Salz** und 1 EL eiskaltem Wasser in die Rührschüssel der Küchenmaschine geben und auf Stufe 2–4 zu einem geschmeidigen Mürbeteig verarbeiten. Den Teig auf der Arbeitsfläche zu einer Rolle formen, in Klarsichtfolie wickeln und 1 Stunde in den Kühlschrank stellen. • Für die Füllung den **Schmand** mit 40 g **Zucker,** einem **Eigelb** und 20 g **Mehl** verrühren und kalt stellen. • **Erdbeeren** putzen, halbieren oder vierteln und in eine Schüssel geben, mit dem restlichen **Zucker** und eventuell **Orangenlikör** vermengen und ziehen lassen. • Nach der Kühlzeit den Teig in walnussgroße Stücke schneiden und zurück in die Rührschüssel geben. Erneut mit dem Flachrührer auf Stufe 4–6 durcharbeiten. Danach den Teig wieder zu einer Rolle formen, in vier gleich große Stücke schneiden. Die Teigstücke zu Kugeln formen und zwischen Klarsichtfolie zu Kreisen mit 16–18 cm Durchmesser ausrollen. Die Kreise nacheinander auf das Backblech legen, jeweils 1 guten EL Füllung in die Mitte setzen und den Rand zur Mitte einschlagen. • Im heißen Ofen 18–20 Minuten backen. Die Galettes vor dem Servieren 10 Minuten auskühlen lassen und mit den Erdbeeren anrichten.

Nährwerte pro Stück: 719 kcal – F 43 g, KH 71 g, B 4 g, EW 9 g

Mein bester Käsekuchen

Zubereitungszeit 15 Minuten
Backzeit etwa 75 Minuten
Ruhezeit 30 Minuten
Für 8 Stücke

1 Quicheteig aus dem Kühlregal

FÜLLUNG
400 g Magerquark
100 g Zucker
½ TL Vanillepaste
2 Eier (Größe M) trennen
100 g Milch
1 Pck. Vanillepuddingpulver (37 g)
40 g flüssige warme Butter
1 Prise Salz

DAZU
Puderzucker zum Bestäuben
Kirschen oder marinierte Erdbeeren

AUSSERDEM
Backofen auf 170 °C Ober-/Unterhitze vorheizen
Backblech mit Backpapier auslegen
Springform (Ø 24 cm), den Rand mit flüssiger Butter einstreichen
runder Backpapierzuschnitt
Küchenmaschine mit Schneebesen oder Handrührer

vegetarisch

Den **Quicheteig** so zuschneiden, dass er die Größe der Springform hat. Den Teigzuschnitt auf das Backblech geben, mehrfach mit einer Gabel einstechen, im heißen Ofen 18–20 Minuten backen und etwas auskühlen lassen. • In der Zwischenzeit den Boden der Springform mit dem Backpapierzuschnitt auslegen. Den Rand mit etwas flüssiger **Butter** einstreichen und die Form in den Kühlschrank stellen. • Nach Ende der Backzeit den Teigboden in die Springform legen. Den Ofen nicht ausschalten. • Den **Magerquark** mit 50 g **Zucker, Vanillepaste** und den zwei **Eigelben** mit einem Handschneebesen gut verrühren. Die **Milch** mit dem **Puddingpulver** glatt rühren und in die Quarkmasse einrühren. Die warme flüssige **Butter** zugeben und alles gut miteinander vermengen. • Das **Eiweiß** mit **Salz** in der Küchenmaschine cremig schlagen und den restlichen **Zucker** einrieseln lassen. Die Masse cremig fest aufschlagen. Die Eiweißmischung gut in die Quarkmasse einrühren und in die Springform füllen, glatt streichen und in den heißen Ofen stellen. • Den Kuchen 25 Minuten backen, herausnehmen, auf ein Kuchengitter setzen und 15 Minuten ruhen lassen. • Dann wieder in den Ofen stellen und weitere 15 Minuten backen. Anschließend wieder aus dem Ofen nehmen und 15 Minuten ruhen lassen. Danach kommt er ein letztes Mal für 15 Minuten in den Ofen. • Den Käsekuchen auf dem Kuchengitter 30 Minuten etwas auskühlen lassen. Auf einem Servierteller anrichten, mit **Puderzucker** bestäuben und mit **Kirschen** oder marinierten **Erdbeeren** dekorieren.

Nährwerte pro Stück: 267 kcal – F 9 g, KH 36 g, B 0 g, EW 9 g

Sahne-Milchreis mit Himbeeren

Zubereitungszeit 15 Minuten
Quellzeit 45 Minuten
Garzeit 6–8 Minuten
Abkühlzeit 30 Minuten
Für 4–6 Portionen

REIS
220 g Milchreis
1 l Milch
100 g Zucker
1 TL Vanillepaste
1 Prise Salz
200 g kalte Sahne

DAZU
125 g frische Himbeeren
Minze oder Zitronenmelisse
Puderzucker zum Bestäuben

AUSSERDEM
mittelgroßer Topf mit Deckel
hoher Mixbecher
Handrührer oder Stabmixer mit Schneebesen

vegetarisch, glutenfrei

Den **Milchreis** in eine Schüssel geben, mit kaltem Wasser bedecken und gut durchspülen. Das Wasser abgießen und den Vorgang noch zweimal wiederholen. Anschließend 15 Minuten in kaltem Wasser quellen lassen. Dann in ein Sieb abgießen und noch mal mit kaltem Wasser nachspülen. Abtropfen lassen. • Die **Milch** mit **Zucker, Vanillepaste** und **Salz** in den Topf geben, gut durchrühren und aufkochen. Den Reis in die heiße Milch einrühren und aufkochen. Von der Herdplatte nehmen, mit dem Deckel verschließen und 30 Minuten quellen lassen. Anschließend ohne Deckel aufkochen und 3–4 Minuten unter gelegentlichem Rühren auf mittlerer Temperatur köcheln lassen. Dann in eine Schüssel füllen und 30 Minuten auskühlen lassen. Zwischendurch umrühren. • Die **Sahne** in den Mixbecher geben und mit dem Handrührer cremig aufschlagen. Die Sahne unter den Milchreis ziehen. • Den Milchreis mit **Himbeeren, Minze** und etwas **Puderzucker** anrichten.

Nährwerte pro Portion: 568 kcal – F 19 g, KH 83 g, B 2 g, EW 14 g

Tarte Tatin

Zubereitungszeit 8–10 Minuten
Backzeit 20–22 Minuten
Für 4 Portionen

1 Pck. Blätterteig aus dem Kühlregal (375 g)
6–7 kleine Elstar-Äpfel
50 g Zucker
20 g Butter
Minze und Puderzucker für die Deko

AUSSERDEM
Backofen auf 180 °C Umluft vorheizen
Pfanne (Ø 28 cm)
Servierplatte oder großer Teller

vegetarisch

Blätterteig abrollen, die Pfannenöffnung darauflegen und den Teig in der Größe der Pfanne ausschneiden, den restlichen Teig in zwei gleich große Stücke schneiden und kalt stellen. • Die **Äpfel** schälen, vierteln und das Kerngehäuse entfernen. • Den **Zucker** in die Pfanne geben und bei mittlerer Temperatur schmelzen, bis er eine gute Karamellfarbe angenommen hat. Die **Butter** in kleinen Stücken zugeben und mit einem Silikonspatel in der Pfanne verteilen. Ohne weitere Hitze die Apfelstücke dicht an dicht in die Pfanne legen. • Die Apfelstücke am Rand der Form mit den zwei Blätterteigstreifen belegen und dann den großen Blätterteigausschnitt mittig darauf platzieren. Die Teigenden mit einem Spatel am Rand leicht nach innen drücken. • Die Tarte 20–22 Minuten im heißen Ofen backen. • Aus dem Ofen nehmen, mit einer großen Servierplatte oder einem Teller abdecken und vorsichtig stürzen. Am besten heiß und frisch servieren. Mit **Minze** und **Puderzucker** dekorieren.

Tipp Am besten sind die Äpfel, wenn sie schon etwas älter und reifer sind. Dann sind sie mürbe und bringen nicht so viel Säure mit.

Nährwerte pro Portion: 581 kcal – F 36 g, KH 60 g, B 5 g, EW 4 g

Blaubeerschmandkuchen mit marinierten Blaubeeren

Zubereitungszeit 20 Minuten
Kühlzeit 2 Stunden 45 Minuten
Backzeit 50–55 Minuten
Für 8–9 Stücke

TEIG
200 g Dinkelmehl (Type 630)
130 g kalte Butter in kleine Stücke schneiden
60 g Zucker
2–3 EL Amaretto (alternativ Orangenlikör oder Wasser)
1 Prise Salz

FÜLLUNG
450 g Schmand
50 g Sahne
4 Eier (Größe M)
150 g flüssiger Honig
20 g Speisestärke
½ TL Vanillepaste
325 g frische Blaubeeren

AUSSERDEM
Backofen auf 180 °C Ober-/Unterhitze vorheizen
Küchenmaschine mit Flachrührer
Tarteform (Ø 24 cm) mit Hebeboden und hohem Rand mit Trennwachs aussprühen und 15 Minuten in den Gefrierschrank stellen
Auflaufform

vegetarisch

Das **Mehl** mit **Butter,** 50 g **Zucker,** 1–2 EL **Amaretto** und **Salz** in die Rührschüssel der Küchenmaschine geben und auf Stufe 2–4 zu einem Mürbeteig verarbeiten. Den Teig direkt zwischen Klarsichtfolie auf etwa 32 cm Durchmesser ausrollen und die eiskalte Form damit auskleiden, dabei den Rand dicker halten. Den Teig mit einer Gabel mehrfach einstechen und 30 Minuten in den Kühlschrank stellen, anschließend wieder 15 Minuten in den Gefrierschrank. • In der Zwischenzeit den **Schmand** mit **Sahne, Eiern, Honig, Speisestärke** und **Vanillepaste** in einer Schüssel glatt rühren. • Die **Blaubeeren** waschen und gut abtropfen lassen. • Eine Auflaufform mit heißem Wasser befüllt in den Ofen stellen. Die Form aus dem Gefrierschrank nehmen und auf ein Backblech setzen. 200 g Blaubeeren auf dem Boden verteilen, die Creme daraufgeben und den Kuchen 50–55 Minuten backen. Aus dem Ofen nehmen, auf einem Kuchengitter abkühlen lassen und 1–2 Stunden in den Kühlschrank stellen. • Für die Deko die restlichen **Blaubeeren** halbieren, mit **Amaretto** und restlichem **Zucker** in eine Schüssel geben und vermengen. Zum Blaubeerkuchen reichen.

Nährwerte pro Stück: 551 kcal – F 35 g, KH 48 g, B 3 g, EW 8 g

Grießpudding mit Erdbeeren

Zubereitungszeit 15 Minuten
Garzeit etwa 3–4 Minuten
Kühlzeit 1 Stunde
Für 4 Portionen

1 Ei (Größe M)
40 g Puderzucker
600 g Milch
85 g Vanillesirup
100 g Hartweizengrieß

DAZU
350 g frische Erdbeeren putzen
35 g Zucker

AUSSERDEM
4 Servierschalen mit kaltem Wasser auswaschen und kalt stellen
Handrührer mit Schneebesen und hohem Mixbecher
mittelgroßer Topf

vegetarisch

Das **Ei** trennen. Das Eiweiß in den Mixbecher geben und mit dem Handrührer cremig fest aufschlagen. **Puderzucker** zugeben und das Eiweiß auf voller Stufe 2–3 Minuten weiterschlagen. • Die **Milch** mit dem **Vanillesirup** in den Topf geben und auf mittlerer Temperatur aufkochen. • Den **Grieß** mit einem Schneebesen in die kochende Milch einrühren und auf kleiner Hitze 3–4 Minuten unter ständigem Rühren garen. Den Topf vom Herd nehmen und die Masse in eine Schüssel umfüllen, mit einem Schneebesen gut durchrühren. Erst das Eigelb einrühren, dann das geschlagene Eiweiß unterziehen. Die Masse sofort in die Förmchen füllen und 1 Stunde kalt stellen. • In der Zwischenzeit die **Erdbeeren** halbieren oder vierteln und mit **Zucker** in eine Schüssel geben. Vermengen und bis zum Servieren ziehen lassen.

Tipp Den Grießpudding kann man auch in eine kleine Auflaufform füllen, glatt streichen, auskühlen lassen, in Stücke schneiden, in Butterkeksbröseln panieren und in der Pfanne braten. Dazu passen die Erdbeeren oder warme Kirschen im Sud.

Nährwerte pro Portion: 359 kcal – F 4 g, KH 66 g, B 3 g, EW 11 g

STAUB

Gebackene Grießschnitte mit Früchten und Karamellsauce

Zubereitungszeit 15 Minuten
Garzeit 6–10 Minuten
Kühlzeit 1 Stunde
Für 4 Stücke

GRIESS
500 g Milch
Abrieb von ½ Biozitrone
120 g Zucker plus etwas mehr zum Bestreuen
1 Prise Salz
125 g Weichweizengrieß
1 Ei (Größe M)
40 g Sonnenblumenöl plus etwas mehr zum Braten

SAUCE
100 g Sahne
35 g Butter

DAZU
2 Aprikosen halbieren, entkernen und in Spalten schneiden
2 Pflaumen halbieren, entkernen und in Spalten schneiden
4 schöne Johannisbeerrispen in Zucker wälzen
12 große Himbeeren halbieren
20 Blaubeeren halbieren

AUSSERDEM
3 mittlere Töpfe
viereckige Auflaufform oder Pfanne (20 × 20 cm)
Stabmixer mit hohem Mixbecher
große Pfanne
kleine Pfanne

vegetarisch

Die **Milch** mit **Zitronenabrieb,** 40 g **Zucker** und **Salz** aufkochen und den **Grieß** mit einem Schneebesen einrühren. Die Masse 2–3 Minuten unter Rühren mit einem Silikonspatel köcheln lassen. Die Auflaufform kalt auswaschen und nur abtropfen lassen. Die Grießmasse in die Form geben, glatt streichen und 1 Stunde in den Kühlschrank stellen. • In der Zwischenzeit die **Sahne** mit der **Butter** auf kleiner Stufe erhitzen, nicht kochen. Den restlichen **Zucker** mit 40 g Wasser in einen weiteren Topf geben, leicht verrühren und bei mittlerer bis hoher Temperatur karamellisieren. • Mit einem Schneebesen sehr vorsichtig die heiße Sahne einrühren und die Karamellsauce vom Herd nehmen. • Den erkalteten Grieß in vier Stücke schneiden. Das **Ei** mit dem **Sonnenblumenöl** in ein hohes Gefäß geben und mit dem Stabmixer gut durchmixen. • Die Masse in eine Schale oder einen tiefen Teller geben und die Grießstücke hindurchziehen. • Die große Pfanne mit etwas **Öl** erhitzen und die Grießstücke darin bei mittlerer Temperatur von beiden Seiten insgesamt 3–5 Minuten braten. • **Aprikosen** und **Pflaumen** in der kleinen Pfanne ohne Fettzugabe bei mittlerer Temperatur 1–2 Minuten anbraten. Etwas **Zucker** darüberstreuen und schmelzen lassen. Dann mit den anderen **Früchten,** den Grießschnitten und der Karamellsauce servieren.

Nährwerte pro Stück: 590 kcal – F 29 g, KH 69 g, B 2 g, EW 11 g

Zutaten- und Rezeptregister

Verlagsdank

Liebe Su, lieber Bui, mit diesem Buch, den Rezepten und den Fotos habt ihr uns und vielen Leser:innen einen Herzenswunsch erfüllt: jede Menge abwechslungsreiche Rezepte zum Schlemmen und Sparen. So merkt wirklich niemand, dass man eigentlich sparen will.
Für das Fachlektorat danken wir Kathrin Schulze, fürs Lektorat wie so oft Doreen Köstler. Der Verlag dankt allen Beteiligten, die durch ihre Mithilfe und Unterstützung zum Gelingen dieses Buches beigetragen haben. Vielen Dank an Caroline Mohr für das Layout, die Gestaltung und den Satz. Für die unermüdlichen Bemühungen um die außerordentliche Qualität danken wir unserem Team: Markus Neis, Valerie Mayer, Annika Steinacker, Katerina Stegemann, Katharina Ibach und Philine Anastasopoulos.

Impressum

Originalausgabe Becker Joest Volk Verlag GmbH & Co. KG
Bahnhofsallee 5, 40721 Hilden, Deutschland

1. Auflage Oktober 2022
ISBN 978-3-95453-282-7

Text, Rezepte und Foodstyling Su Vössing
Fotografie Bui Vössing
Projektleitung Valerie Mayer
Projektmanagement Philine Anastasopoulos
Covergestaltung, Leitung Grafik
Dipl.-Des. Justyna Schwertner
Buchsatz, Layout Dipl.-Des. Caroline Mohr
Bildbearbeitung Dipl.-Des. Markus Neis
Illustrationen iStock Seite 3, Seite 5, Seite 7, Seite 9, Seite 11, Seite 73, Seite 139
Fachlektorat Kathrin Schulze
Lektorat Doreen Köstler
Druck Firmengruppe Appl, aprinta druck GmbH

Ausführliche Infos
Seite 154

BECKER
JOEST
VOLK
VERLAG

www.bjvv.de

Die Autoren

Su Vössing wurde im Jahr 1991 als damals jüngste Sterneköchin Deutschlands mit einem Michelin-Stern ausgezeichnet. Der Weg dahin führte sie als Chef de Partie von Philippe Jorand in Münster direkt nach Paris als Souschef zu Jean-Michel Bouvier. Alain Senderens erkannte ihr außerordentliches Gespür für unverfälschte Aromen und ernannte sie nach nur drei Wochen zur Chef Saucier seines Restaurants „Lucas Carton". Weiter in der berühmten Pariser Brasserie „La Coupole" mit durchschnittlich 800 Speisen pro Schicht die Pariser Gesellschaft zum Schlemmen verführt. Zurück in Deutschland im Bonner Restaurant „Le Marron" geadelt worden. Der bunten Kölner Welt im „La Société" aufgetischt, um von dort in Florida im „Café Europa" als Chef de Cuisine auf beste Weise weiterzukochen.

Danach und dazwischen hat sie von Anfang bis Ende beim „Kochduell" (VOX) ihre Spontaneität spielerisch unter Beweis gestellt. Ein kurzes Intermezzo im eigenen Restaurant in Düsseldorf schließt diese kulinarische Reise ab. Mit Kochbüchern, TV-Auftritten, Events, Live-Moderationen und Produktpräsentationen in allen Medien stellt Su Vössing zurzeit allen Interessierten ihr umfangreiches Wissen zur Verfügung.

Obwohl Bui Vössing seit vielen Jahren sein Brot mit fotografischen Arbeiten verdient, würde er niemals von sich behaupten, Fotograf zu sein. Vössing, Jahrgang 1965, bezeichnet sich selbst als Bildermacher, weil er, ursprünglich von der Malerei kommend, lediglich das Medium gewechselt hat, aber dabei niemals den Blick des Malers aus den Augen verlor. Für Kochbuchprojekte und alle weiteren Projekte, die sich nur um gute Speisen drehen, arbeitet er seit 2009 gemeinsam mit Su im eigenen Unternehmen.

Echte Speisen zu fotografieren ist eine Herausforderung – sowohl für die Bildermacher als auch für die Foodstylisten. In den Kochbüchern wird nichts verfälscht, angemalt, aufgepolstert oder kunstvoll drapiert, nur um ein gefälliges Bild abzuliefern. Suppen sind Suppen, Saucen sind echte Kreationen. Künstliche Hilfsmittel sind tabu. Speisen sind vollständig gewürzt und auf den Punkt gegart. Bui hat es sich zur Aufgabe gemacht, Bilder herzustellen, die eine Orientierung sind. Wenn ein Rezept entwickelt wurde und sich durch mehrmaliges Nachkochen bewiesen hat, wird die Speise nach Rezeptvorlage gekocht und noch warm und in all ihren Bestandteilen genussfertig belichtet. Nur so kann sichergestellt werden, dass auch zu Hause ein perfektes Ergebnis erzielt wird.